民族之魂

见义勇为

陈志宏◎编著

延边大学出版社

图书在版编目（CIP）数据

见义勇为 / 陈志宏编著 . -- 延吉：延边大学出版社，2018.4（2023.3 重印）

（民族之魂 / 姜永凯主编）

ISBN 978-7-5688-4490-1

Ⅰ.①见… Ⅱ.①陈… Ⅲ.①品德教育—中国—青少年读物 Ⅳ.① D432.62

中国版本图书馆 CIP 数据核字（2018）第 069501 号

见义勇为

编　　　著：陈志宏

丛 书 主 编：姜永凯

责 任 编 辑：王　静

封 面 设 计：映像视觉

出 版 发 行：延边大学出版社

社　　　址：吉林省延吉市公园路 977 号　　　邮编：133002

网　　　址：http://www.ydcbs.com　　E-mail：ydcbs@ydcbs.com

电　　　话：0433-2732435　　　　　传真：0433-2732434

发行部电话：0433-2732442　　　　　传真：0433-2733056

印　　　刷：三河市同力彩印有限公司

开　　　本：640×920 毫米　　　1/16

印　　　张：8　　　　　　　　字数：90 千字

版　　　次：2018 年 4 月第 1 版

印　　　次：2023 年 3 月第 2 次印刷

ISBN 978-7-5688-4490-1

定价：38.00 元

人有灵魂，国有国魂；一个民族，也有民族魂。

鲁迅先生曾经说过："唯有民魂是值得宝贵的，唯有他发扬起来，中国才有真进步。"

鲁迅先生以笔代戈，战斗一生，曾被誉为"民族魂"。

民族魂，顾名思义，就是一个民族的灵魂！民族魂，是一个民族的精髓，体现了一种民族的精神，是一个民族生存和存在的精神支柱。

什么是中华民族的民族魂？那就是中华民族精神！它是中华民族凝聚力的理念核心，是中华文明传承的基因。它包含热烈而坚定的爱国情感，对生活的美好愿望和追求，为目标努力奋斗的拼搏毅力，为正义事业不惜牺牲自己的精神，以及正确的人生观和价值观。

翻开浩瀚的中国历史长卷，我们可以看到数不胜数的，体现民族精神和民族魂的英雄人物和可歌可泣的感人故事。

民族魂，不仅体现在爱国主义精神和行动中，而且体现在各个领域自强不息的民族奋斗中。而中华民族精神的力量，更是深深植根于延绵几千年的传统文化之中，始终是维系中华各族人民共同生活的纽带，是支撑中华民族生存和发展的精神支柱，是不断推动中华民族前进的强大动力。

民族魂体现在"重大义，轻生死"的生死观中；民族魂体现在"国家兴亡，匹夫有责"的使命感中；民族魂体现在"我以我血荐轩辕"的大无畏精神中；民族魂体现在将国家利益置于最高的爱国情怀中！

纵观中华五千年文明史，曾经有多少杰出的政治家、军事家、思想家、文学家、科学家、艺术家；曾经有多少忧国忧民、鞠躬尽瘁的仁人志士；曾经有多少抗击外敌、英勇献身的民族英雄。他们或顺应历史潮流，积极改革弊政，励精图治，治国安邦，施利于民；或为人类进步而不断进行着农业、工业、科技、社会等各种创新；或开发和改造河山，不断创造着灿烂的中华文明；或英勇反击外来侵略，捍卫着国家主权和民族尊严；或坚决反对民族分裂，维护国家的统一……他们从不同的侧面，体现了中华民族的民族魂，谱写了几千年中华文明的壮丽诗篇，铸造了中华民族高尚而坚不可摧的"民族之魂"。

民族魂，就是爱国魂。从屈原在汨罗江边高唱的《离骚》，到文天祥大义凛然赴死前的"人生自古谁无死，留取丹心照汗青"的诗句；从岳飞的岳家军抗击入侵金兵，到郑成功收复台湾；从血雨腥风的鸦片战争，到硝烟弥漫的十四年抗战，再到抗美援朝的隆隆炮声……哪个为国捐躯的英雄不是可歌可泣的？

民族魂，就是奋斗魂。从勾践卧薪尝胆，到司马迁秉笔直书巨著《史记》；从鉴真东渡传播佛法终在第六次成功，到詹天佑自力更生建铁路；从袁隆平百次实验成为"水稻之父"，到屠呦呦的青蒿素获得诺贝尔奖……哪个不是历经艰难，最终取得成功？

民族魂，就是改革献身魂。从管仲改革到商鞅变法；从王安石变法到百日维新……哪次变法图强不是要冲破

旧势力的阻挠，或流血牺牲？

民族魂，就是创新魂。古有毕昇发明活字印刷，今有王选计算机照排；古有指南针、造纸术、火药、浑天仪、地动仪的发明，今有神舟号的相继飞天……哪个不是中华民族的智慧结晶？

自古以来，多少仁人志士为了维护人格的尊严和民族气节，以生命为代价！留下了"玉可碎不可污其白，竹可断不可毁其节"的称颂；有多少英雄豪杰，为理想和事业奋斗，面对死亡的威胁，大义凛然；有多少爱国壮士面对侵犯祖国的列强，挺身而出而献出生命。

伟大的中华民族孕育了五千年的辉煌，五千年的历史留下了璀璨的中华文明。

前言

中国人的血脉流淌着顽强不屈的精神！我们的先辈用血汗和生命铸就了不朽的中华民族魂！换得如今中华大地的一片祥和安宁，换得我们现在的幸福生活。如今，我们要实现习近平主席提出的中国梦，依然需要我们秉承祖辈留下的这种"民族魂"。

青少年是国家的希望，亦是民族的未来。因此，爱国主义教育和励志图强教育要从青少年开始。为了增强对青少年的民族精魂和志向教育，我们精心编写了本套丛书——《民族之魂》丛书。

本套丛书将我国有史以来体现民族精神和民族魂的典型事迹，以通俗易懂的语言故事形式展现出来，适合青少年的阅读水平和欣赏角度。书中提供的人物和事件等故事，涉及社会的各个方面，有利于青少年学习和理解，使读者能全方位地领悟中华民族精神。

为了帮助读者更好地理解和吸收故事的精神，编者在每篇故事后还给出了"心灵感悟"，旨在使故事更能贴近现实社会，让读者结合自身的需要学习领会，引发读者更深入的思考。

希望读者们可以从本套图书中获得教益，通过阅读，真正体会到中华民族之魂所在，同时能汲取其精华，不断提升自己各方面的素质和品格，为祖国新时代的建设和发展做出努力。

全套丛书分类编排，内容详尽，风格独具，是广大读者尤其是青少年爱国励志教育的优秀阅读材料。相信本套丛书一定可以成为青少年朋友的良师益友。

民族之魂

导言

　　"见义勇为"是人们耳熟能详的一句成语。较早的文献解析出自孔子的《论语·为政》篇："见义不为，无勇也。"意思是，见到合乎道义应该做的事而不去做，就是没有勇气。反过来说，就是见到合乎道义的事就要勇于去做，也就是我们常说的要"见义勇为"。早在秦代竹简中就有"捕亡，亡人操钱，捕得取钱"的记载，意思是谁抓获了逃遁的盗贼，如果这个被捕获的盗贼身上带着钱财，这个钱就归捕获者。这应该是褒奖见义勇为行为的一个缩影。

　　古往今来，时代在变迁，见义勇为也被赋予了更丰富、更宽泛的内涵，成为中华民族传统美德的重要组成部分。培育与践行见义勇为精神，使之成为国民素质教育、青少年思想教育的重要内容，是呼唤社会公平正义、弃恶扬善、构建和谐社会的需要。

　　见义勇为的事例，在浩如烟海的经典文卷、诗词曲赋中不胜枚举。本书有选择地收集和整理了从古代到近现代见义勇为的故事40余篇。这些感人至深的故事虽然情节上没有关联，但其精神却一脉相承，从而异曲同工地绘就了见义勇为的恢弘诗篇；同时它们也是伸张正义、鞭笞邪恶的警示录，为我们再现了那些祸国殃民的贪官污吏、倒行逆施的不法之徒，在正义之剑面前覆灭的必然结局。

　　本书不但用鲜活的故事解析了什么是见义勇为，更重要的是告诉读者怎样做才是见义勇为，以怎样的方式践行见义勇为。同时，从另一个侧面启发人们，见义勇为绝不单纯是"英勇"与"刚烈"，还包含有"见识"与"明理"。很难想象，胸无点墨、不明事理之人能有见义勇为之举。大凡称得上仁人志士的人，其共同特征都是有胆有识。

　　今天，我们身处一个高度文明的时代，但世界并不安宁，见义勇为、伸张正义、惩治邪恶依然有着极为重要的现实意义。

　　本书旨在呼唤植根于万卷史海中的民族精魂的回归，旨在彰显古今精英的浩然正气，用榜样的力量感召国人特别是青少年一代。我们也期盼更多见义勇为者的不断涌现，促进良好社会风尚的形成，使中华民族见义勇为精神在新的历史时期得到发扬光大。

目录
CONTENTS

第一篇　抗暴除恶，见义勇为

2　秉笔直书四兄弟

7　孙叔敖杀蛇

11　吴少孺子劝吴王

14　刘翊舍己为人

17　黄浮为民除害

21　宋义士武松

25　吉鸿昌的"木牌"

28　闻一多拍案而起

32　一切为了孩子

36　血染的风采

39　平民英雄，顶天立地

第二篇　巾帼英豪，勇敢少年

44　毛聚保护后母

47　怕死不是共产党员

51　母子两代英雄

58　"死也要抗日"

64　巾帼豪杰茅丽瑛

69　抗日小英雄王二小

73　民族气节小模范温三郁

79　死不泄密的少年英雄王朴

第三篇　敢叫日月换新天

84　蔺相如勇斗秦王

89　"让我替你死"

93　关云长刮骨疗毒

97　让御史下跪

102　鲁国少年英勇退齐兵

105　李泌单骑抚陕虢

110　李光弼勇守河阳

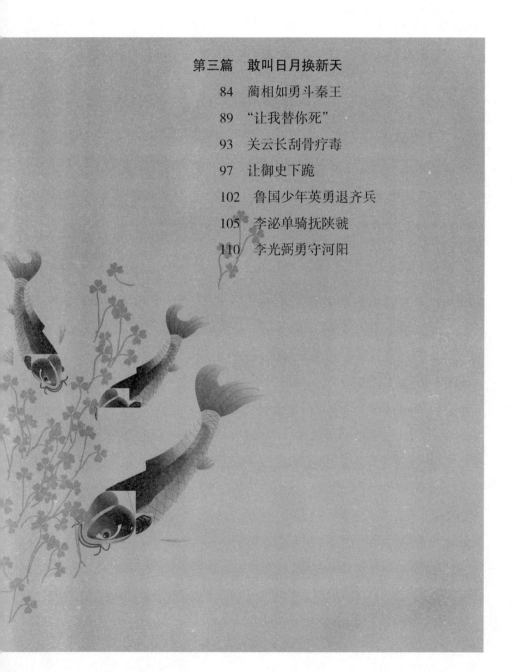

第一篇
抗暴除恶，见义勇为

秉笔直书四兄弟

　　南史氏（生卒年不详），具体姓名不详。公元前548年，齐国的崔杼杀死了齐庄公，齐国太史记载说："崔杼杀了他的国君。"崔杼把太史杀了。太史的两个弟弟继续这样写，又都被崔杼所杀。太史还有一个弟弟仍旧写上同样的话，崔杼只好放弃。南史氏听说太史都死了，拿着竹简前去，竹简上同样写着"崔杼杀了他的国君"。听说已经如实记载了，这才回去。

　　公元前548年，正是周灵王二十四年，齐庄公七年。

　　这年夏天，一直想独揽朝政的崔杼，以夫人为诱饵，设下毒计，在府中杀害了齐庄公，立齐庄公的弟弟为国君，史称齐景公。

　　事情是这样的：齐庄公是个昏君，即位后不理政事，生活十分糜烂。他的后宫美女如云，仍不知足。他听说崔杼的夫人棠姜长得美如天仙，便千方百计勾引她，终于把她弄到了手。

　　当崔杼得知棠姜与齐庄公有染后，顿生杀机，要另立新君，为自己谋权，于是装病在家，诱使齐庄公以探病为名与棠姜幽会。

　　齐庄公果然中计。当他与棠姜正在卿卿我我之时，崔杼预先布置好的甲士一边大喊："抓淫贼！"一边挺戈而出。

齐庄公一再求饶，没人理他；要求自裁，也没有办到。最后，齐庄公死在乱戈之下。

齐庄公死后，崔杼对太史伯说："前几天主公调戏我的夫人，被人杀了。为了照顾主公的名誉，你一定要隐恶扬善，只写先君害病身亡就行了。"

太史伯冷冷地回答说："据实写史是史官的职责。主公是怎么死的，朝廷内外人人心里都明白，让我说假话是办不到的！"

太史伯是齐国的史官，家中兄弟四人，一向疾恶如仇，忠奸善恶逃不过他们的眼睛。

崔杼问道："那你是怎样写的呢？能让我看看吗？"

太史伯说："据实而书，从不怕看。"说完，从宽大的袖子里掏出竹简。

崔杼接过竹简，仔细一瞧，上面写道："夏五月乙亥，崔杼弑其君。"

崔杼看罢，勃然大怒，喝道："这是污蔑先君，回去照我说的去写，明天一早送来！"他狠狠地将竹简摔到太史伯的脚下。

太史伯回家后，对3个弟弟说道："崔杼弑君，这是事实。我如实记载，必遭崔杼毒手。我死之后，二弟必为史官，万不可忘记史官的职责，一定要如实记载。"

兄弟四人相顾流泪。二弟发誓说："如做史官，我一定秉笔直书，绝不歪曲历史。"

第二天，太史伯将竹简交给崔杼。崔杼见一字未改，勃然大怒道："你不怕掉脑袋吗？为什么不按我说的写？"

太史伯面无惧色，说道："宁可杀头，我也不能歪曲历史。"

崔杼不由分说，拔出宝剑，杀了太史伯。

太史伯被杀后，二弟太史仲接任了哥哥的职位。

崔杼见新太史的竹简上面仍然写着"夏五月乙亥，崔杼弑其君"，气得暴跳如雷，问道："为什么不听话，一定要走你哥哥的路？"

太史仲回答道："史官只知尊重史实，不能听任何人的。我哥哥做得对，我要和他一样。"

崔杼气得浑身乱抖，狞笑道："那好，去找你哥哥吧。"说罢，手起剑落，又杀了太史仲。

接着，崔杼又杀了依然秉笔直书的三弟太史叔。

太史伯兄弟三人相继被崔杼杀死，史官的职位落到了四弟太史季的头上。

崔杼软硬兼施地说："你年轻有为，只要按我说的写，就可以做高官。如果不识抬举，我就让你们兄弟四人一起团聚。"

太史季虽然年纪小，胆子却特别大。他指着崔杼的鼻子，大声说道："我的三位哥哥秉笔直书，不说假话，都是良史，你为什么要杀他们？我只尊重事实，要我听你的话，那是绝对办不到的。如果你嫌杀得少，就请动手吧！你手中有权，可以杀掉史官，但你能把知道这件事的人全部杀光吗？你不许我写，但你改变不了事实。"说完，把头伸到崔杼的面前。

崔杼听了太史季的话，不由一愣。过了一会儿，崔杼无可奈何地说："我也是为了国家才杀掉这个无道昏君的。即使你秉笔直书，国人也会谅解我。我不杀你，你想怎么写就怎么写吧。"

太史季在回家的路上，遇到了另一个史官南史氏。南史氏对他说："我担心你也会惨遭不幸，因此背着竹简，准备去接你的班呢。"

太史季听了南史氏的话，浑身充满了力量，高兴地说："不必去了，我已经秉笔直书了。"

■故事感悟

翻开每一部史书，我们都能感受到那些史家刚正无畏的精神，这才使得流传下来的史书能够经受历史的考验。

作为一个史官，为了能在史书上如实记载下一件事，不惜牺牲生命。但血的杀戮并没有吓倒后来者，他们仍然踏着前人的血迹，宁死也不肯失职，表现出坚持真理、勇敢抗争的大无畏精神。他们不畏权贵、奋笔直书的勇气，永远在历史的长河中褶褶生辉！

■史海撷英

齐国的政治改革

战国初期，田氏掌握着齐国的大权。后来，田和得到周王的承认，成为齐国的君主。

此后，田和的孙子齐威王即位后，针对卿大夫专权、国力不强的弊端，着手整顿齐国的吏治。比如，即墨大夫治即墨，"田野辟，民人给"；阿大夫治阿，则"田野不辟，民贫苦"。齐威王便诛杀了阿大夫而重赏即墨大夫。

齐威王还任用邹忌为宰相，治理国家。邹忌在职期间，很注意"谨修法律而督奸吏"。

由于齐威王在官吏中能够做到赏罚分明，故而"齐国以治"。到齐威王末年，"齐最强于诸侯"。

■文苑拾萃

史官

史官是我国历朝历代均设置的，用来专门记录和编纂历史的官职。这类官职都统称为史官。

　　每个朝代对史官的称谓与分类都是不太相同的，但主要分为记录类和编纂类两大类。在史官刚刚出现，以及发展过程中的很长时间，这两类都是没有太大区别的。后来，便演化出专门负责记录的起居注史官和史馆史官。前者主要随侍在皇帝左右，记录皇帝每日的言行与政务得失，但皇帝不能阅读这些记录内容；后者的职责则是专门编纂前代王朝的官方历史。

孙叔敖杀蛇

孙叔敖（约公元前630—前593），又称蒍敖、蒍艾猎或蒍饶，芈姓，蒍氏，名敖，字孙叔。蒍吕臣之孙，蒍贾之子。因为其子封于寝，而"寝"通"孙"。先秦人习惯将字放在名之前，故楚国人通称"孙叔敖"。春秋时期楚国名相，在海子湖边被楚庄王举用。公元前601年出任楚国令尹（楚相），辅佐楚庄王施教导民，宽刑缓政，发展经济，政绩赫然。主持兴修了芍陂（今安徽淮南安丰塘），改善了农业生产条件，增强了国力。司马迁《史记·循吏列传》列其为第一人。

春秋时期，楚国有一位著名的人物，他就是春秋五霸之一楚庄王的令尹（春秋战国时楚国最高官职，掌军政大权）孙叔敖。他不仅有很高的政治才能，而且有高尚的道德情操。

在担任楚国令尹期间，他组织百姓发展生产、兴修水利，带领人民开掘了楚国最大的一条河道，使人民免受旱涝灾害。

尽管身居高位，但孙叔敖从不谋取私利，只把百姓的疾苦放在心上。为官一生，始终两袖清风，深得人民的爱戴。孙叔敖的这些崇高品质，是从幼年时逐渐培养成的。

孙叔敖从小就聪明伶俐，心地善良。7岁的时候，有一天，他到村外帮家里拾柴，可过了没多久突然跑回家，扑在妈妈怀里伤心地哭了起来。

妈妈看他哭得伤心，不知发生了什么事，就问他："孩子，你怎么啦？"

"我，我活不成了，"孙叔敖抽泣着说，"我今天看见了两头蛇，我要死了！"说完，他哭得更伤心了。

原来，当地流传着一种说法，两头蛇是一种邪恶的动物，谁看见两头蛇，谁就会死。当时迷信思想盛行，人们对两头蛇都很惧怕，生怕走路、干活时不小心遇见它而给自己招来祸害。村里不少大人都这么说，孙叔敖也信以为真。

那天，孙叔敖拾柴的时候看见一条两头蛇，昂着两个可怕的脑袋，正在缓慢地爬行。孙叔敖吓得"哇"地一声就哭起来了，一边哭一边扭头往家里跑，心里想着："这回我可活不成了！"

跑了一会儿，孙叔敖突然停了下来，他想："我看见两头蛇，是一定会死的，可如果别的人再看见这条蛇，不是也得死吗？不行，我非得把这害人的东西除掉不可！"

想到这里，他不知哪来的勇气，又跑了回去。那条两头蛇还在那儿慢慢爬着，孙叔敖捡起一块大石头狠狠地向蛇砸去，蛇被砸死了。孙叔敖用树枝挑着蛇，把它丢到了一个深坑里，然后用土埋得严严实实。确信再没有人看得到了，他才边哭边跑回家。

"这么说，你把两头蛇埋掉了？"妈妈抚摸着孙叔敖的头，安慰他："好孩子，别害怕，你做得对啊！做人就应该像你这样，自己在危险的时候，还能够替别人着想。这样好心肠的孩子是不会死的，你一定不会死的。"

孙叔敖打死两头蛇的事让村里的人知道了，人们都交口称赞他的勇敢善良。

当然孙叔敖并没有死，长大后他还做了很多利国利民的好事，成为受百姓爱戴的好官。

■故事感悟

孙叔敖小小年纪就富有正义感，在自己身处危险并十分害怕的情况下还能为别人着想，亲自杀死了传说中害人的两头蛇。孙叔敖勇敢善良的品质，是我们当代青少年学习的榜样。

■史海撷英

孙叔敖治国之功

楚庄王十五年（公元前599年），孙叔敖在前令尹虞丘的推荐下而被任为令尹，提出了"施教于民""布政以道"的主张。他主政期间，非常重视民生经济，制定和实施有关政策法令，使农、工、商各得其便。

他不但重视农业，还注重牧业和渔业。他派人在汉西利用沮水兴修了水利，并在江陵境内修筑了大型平原水库"海子"；还鼓励农民们在秋冬农闲时节上山采矿，大力发展青铜业；他引导百姓利用秋冬农闲季节上山采伐竹木，在春夏多水季节通过河道运出销售，这样不仅使资源得到了合理利用，也利于国家富足和百姓生活的改善。此后，楚国出现了"家富人喜，优赡乐业，式序在朝，行无螟蝝，丰年蕃庶"的全盛时期。

后世的司马迁称赞他"三为楚相，施教导民，上下和合，世俗盛美，政缓禁止，吏无奸邪，盗贼不起"。司马迁与孙叔敖的这种因势利导的经济观点相近，但他比孙叔敖晚了500年。孙叔敖任相期间，编修《仆区》（楚国刑书），使楚国法制大振。

当时，庄王认为楚国的车子太小，于是下令将矮小的车子都改造成高大的车子。孙叔敖劝谏说：如果用命令来行事，会招致百姓反感，不如把都市街巷两面的门限增高，这样一来矮小的车过不去，人们便自然会改造高车了。

当时，楚国通行贝壳形状的被称做"蚁鼻钱"的铜币。庄王嫌它分量太轻，便下令将小币铸成大币。钱币的加大和加重，使老百姓感觉携带不方便，便减少了交易和贸易，这使商人们受到巨大损失。于是，商人们纷纷放弃经商，市场逐渐萧条。更严重的是，市民们不愿意在城市里居住和谋生了，纷纷离开，这些现状都影响了社会安定。孙叔敖知道后去见庄王，请求他恢复原来的币制。庄王允许了他的请求，恢复了"蚁鼻钱"的使用，结果很快市场又恢复了繁荣局面。

■文苑拾萃

芍陂

芍陂为我国古代淮河流域的著名水利工程，位于今安徽省寿县南。其中，"陂"是池塘的意思，由于引淠水经白芍亭东积水形成而得名。

隋唐以后，芍陂附近设置了安丰县，因此芍陂又被称为安丰塘。

芍陂是古代的一个大型陂塘蓄水工程，在建造时，利用了北面低洼而其他三面地势较高的地形特点因势而建。

相传修建芍陂的人是春秋时期楚国的孙叔敖，但也有人说是战国时期修建的。后来自东汉至唐代，王景、邓艾等人多次对其进行修浚。

东汉时期，芍陂在陂周二三百里，可以灌溉万顷田地，因此此地在当时也是一个著名的产粮区。

宋元以后，芍陂逐渐荒废，残存的部分被称为安丰塘。

新中国成立后，经过整治，现蓄水约 7300 万立方米，灌溉面积 4.2 万公顷，是淠史杭水利综合利用工程中的一个组成部分。

吴少孺子劝吴王

阖闾（？—前496），姬姓，名光，号阖庐，一作盖庐。春秋时吴国第24任君主，公元前514—前496年在位。公元前514年，派专诸刺杀吴王僚，夺取吴国王位，改号"阖闾"。又使要离刺杀吴王僚之子庆忌，以绝后患。公元前506年，阖闾重用大臣孙武、伍子胥等为将，联合唐、蔡二国攻楚，破楚国首都郢（今湖北江陵北），楚国几乎灭亡。公元前505年，越国趁吴军在楚，国内空虚，伐吴，秦国出兵救楚，阖闾弟夫概自立为王，阖闾退回吴国。公元前496年，阖闾攻越，战于檇李（今浙江嘉兴西南）。越军采取偷袭战术，阖闾中箭，伤脚大拇指，伤重不治，死前嘱子夫差勿忘杀父之仇。

吴楚争霸时期，人民饱受战祸，却敢怒而不敢言。

吴王阖闾是个十足的战争狂，极力推崇武力，听不进去群臣的谏言，坚持攻打楚国。

听到群臣的劝谏，吴王非常生气，拔剑道："我的主意已定，谁敢再阻拦，立即处死！"文武官员吓得退到一旁，谁也不敢再来劝阻。

吴王宫廷中有一位十多岁的少年，听到群臣的议论，决心冒死劝阻吴王。很快，他想好了一个计策。

清晨，这位少年手持弹弓，早早来到吴王常常散步的后宫花园。他在树丛中穿行，突然停下来，把弹丸压在弹弓上，瞄准树梢的一处，却迟迟不发射。早起出来散步的吴王观察了半天，见此情景，心中十分诧异。

吴王问道："喂！我看你好长时间了，你怎么总是在瞄准却不发射呢？"少年说："树梢上有只蝉，正吃露水，却没有发觉身后有只螳螂要捕捉它！可是螳螂光顾捕蝉，却不知道它后边有只黄雀正伸着脖子要啄食它！"吴王听了，不禁说道："螳螂和蝉都是目光短浅的东西，在捕食猎物的时候却不知道自己正处在危险之中，实在愚不可及。"少年又说："岂止它们？那黄雀正洋洋得意想成为胜利者的时候，还不晓得我的弹丸已经压在弓上，正要把它射下来呢！"

吴王恍然大悟，自语道："螳螂捕蝉，黄雀在后。"回宫后，便下令放弃了攻楚计划。

■故事感悟

一个人处理问题，采用强硬的办法并不一定能够成功。就像故事中那位少年，用智慧和勇气改变了吴王攻楚的计划。在生活中，我们也要向这位少年学习，在具备勇敢精神的同时，还要善于运用智慧来解决问题。

■史海撷英

吴国争霸

阖闾九年（公元前506年），吴王阖闾率领大军，联合蔡、唐之师讨伐楚国。双方在柏举发生大战。吴国军队五战五捷，大败楚军，仅仅用了10天就进入楚国的国都郢（今湖北省江陵西北），创造了春秋时期小国攻占大国都城的先例。

第二年，越王允常率领军队进攻吴国，阖闾亲自率军出征，结果大败越军。

阖闾十一年（公元前504年），吴军再次讨伐楚国，迫使楚国迁都于都（今湖北省宜城东南）。从此，吴国的势力开始威震天下。

□文苑拾萃

虎丘山

虎丘山风景区位于著名的苏州古城的西北角，距今已有2500多年的历史，素有"吴中第一名胜"的美誉。宋代大诗人苏东坡曾有"到苏州不游虎丘乃憾事也"的千古名句传世，虎丘一直是旅游者的神往之地。

虎丘山风景区面积100公顷，保护区面积475.9公顷。虎丘先后被评为全国首批十佳文明风景旅游区示范点，全国AAAA级风景区，并于2001年12月份通过了ISO9001—14001双体系认证。

虎丘原名海涌山，据《史记》记载，吴王阖闾葬于此。因传说阖闾葬后三日有"白虎蹲其上"，故名虎丘山。虎丘占地300多亩，山高30多米，但却有"江左丘壑之表"的风范。虎丘有绝岩耸壑，气象万千，并有"三绝九宜十八景"。其中，最著名的是云岩寺塔、剑池和千人石。

云岩寺塔高耸入云，已有1000多年历史，是世界第二斜塔。该塔建筑古朴而雄奇，已成为苏州古城的标志性建筑；剑池幽奇神秘，埋有吴王阖闾墓葬的千古之谜；千人石气势磅礴，留下了"生公讲座，下有千人列坐"的佳话。

万景山庄位于虎丘西麓，它汇集苏派盆景之精华，借山光塔影造景，其意境恬美如画。虎丘后山植被茂密，树种丰富，百鸟争鸣，群鸟绕塔而盘旋，其景蔚为壮观。

近几年，又恢复了"虎丘十景"中的"西溪环翠"和"书台松影"两处景点。2005年，又完成了虎丘山灯光亮化一期工程，使千年斜塔在夜景灯光的映衬下熠熠生辉，成为苏州古城夜景的一个新亮点。

刘翊舍己为人

刘翊（生卒年不详），字子相。东汉颍阴人。为人重义守德，家中世代产业丰足，经常救济他人而不求他人报答。

有一次，刘翊在汝南旅行，碰到陈国一位叫张季礼的人。张季礼要到远方赶赴丧礼，途中遇上寒冰，车子坏了，停滞在道路上。刘翊见到后，立即下车，将自己的车子给了张季礼，没有说自己的名字，骑上马便走了。张季礼猜想他可能就是传闻中重德重义的刘翊，事后他专程来到颍阴，想要将车子还给刘翊。可刘翊知道后关上门，让人说自己出去了，不与张季礼相见。

刘翊坚守自己的志向，一直不肯听从朝廷的任命，后来不得已接受了颍川太守种拂的任命，担任功曹一职。因为在一件关系种拂生死的事情上帮了大忙，所以种拂要举荐刘翊为孝廉。但刘翊推辞了，正直的他耻于利用这种事情来获取功名。

后来发生战乱，当地又遭遇饥荒，刘翊努力救济那些缺粮断粮的人，靠他的救济活下来的就有几百人。平时，乡里宗族中只要有人需要帮助和救济，刘翊总是全力相帮。

汉献帝（刘协）迁都西京后，刘翊被举荐为计掾，后来因立了功而被皇帝特地下诏任命为议郎，调任陈留太守。刘翊将自己的钱财全部分给了他人，仅留下车马，踏上赴任的旅途。

出了函谷关几百里地后，刘翊发现一位士大夫病死在路旁，刘翊就用自己的马换了棺材，脱下自己的衣服将死者收殓了。

又走了一段路，遇到以前认识的一个人在路上窘困饥饿，刘翊不忍心丢下他，便又将驾车的牛杀了，用来解除这个人的困乏。随行的人都劝阻他，刘翊却说："见死不救，这可不是有志之士。"后来，刘翊与随行的人竟然都饿死在赴任途中。

■故事感悟

刘翊见人有难，能够没有私心，倾其所有予以帮助救济，即使失去性命也在所不惜，这就是我们传统文化中讲的"舍己为人"吧！

舍己为人是一个传统的道德标准。在今天，舍己为人的人也会受到人们的尊敬与效仿！

■史海撷英

汉征朝鲜起因

战国时期，中原战乱，邻近朝鲜的燕、齐两国人民为了逃避战乱，曾成批迁到朝鲜。秦灭燕国以后，朝鲜属于辽东郡外侧的国家。

汉朝建立后，由于距离朝鲜太远，难以防守，于是便修筑了战国时辽东郡的原有要塞，一直到浿水（今鸭绿江）为界，将该地划归燕国。后来，燕王卢绾逃往匈奴，燕人卫满乘此机会，率领千余人，渡过浿水奔到朝鲜，自立为朝鲜王，建都王险城（今朝鲜平壤市），统治朝鲜半岛西北部。

孝惠帝和吕后统治时期，天下刚刚安定，辽东郡太守就约卫满做汉朝的外臣，替汉朝防守塞外的蛮夷人，以防止他们滋扰汉朝边境。

汉武帝时，卫满的孙子右渠当政，招诱汉朝很多逃亡的人民，不去晋见汉武帝。而且，蛮夷族想晋见汉武帝的国王，也被右渠挡住。

元封二年（公元前109年），汉武帝派遣使者涉何出使朝鲜，指责右渠这种不友好的举动，右渠不服。涉何离开朝鲜，到达汉边境时，命令士兵杀死前来送行的右渠手下的裨将长。回国后，涉何向汉武帝报告了出使的情况，汉武帝命涉何任辽东郡东部都尉。右渠因涉何杀死手下将领，派兵攻击辽东郡，杀死涉何。汉武帝下诏令，招募天下罪人编入军队，派遣楼船将军杨仆率领5万余人，左将军苟彘从辽东郡出兵配合，征讨朝鲜。

黄浮为民除害

黄浮（生卒年不详），东汉时期汝南人。桓帝时为东海相。

汉桓帝时，宦官中常侍徐璜联络其他宦官，帮助汉桓帝消灭了外戚梁冀，因而受到汉桓帝的宠信，被封为侯。

此后，宦官们恃功而骄，横行霸道，还收养同宗或异姓子弟为义子，承袭爵位俸禄，扩大自己的势力。

这些宦官收养的义子大多都是纨绔子弟，他们仗势欺人，无恶不作，百姓对他们恨之入骨。

徐璜有个侄子叫徐宣，是个专爱拈花惹草的浪荡公子，却靠着叔父的关系做了下邳县令。

徐宣上任后，不仅不为百姓造福，还色胆包天，只要看到谁家的女子有几分姿色，便不择手段地弄到手。

前汝南太守李嵩，家在下邳。他有一个掌上明珠，美艳绝伦。徐宣看中了李女，起了歹心，派人前去说亲，被李家拒绝，但他并不甘心。

李嵩去世后，徐宣派人闯入李家，强行把李嵩之女抢进县衙，逼她为妾。李嵩之女破口大骂，誓死不从。

徐宣见达不到目的，竟指使手下人剥光李嵩之女的衣服，把她绑在树上当箭靶。徐宣一面饮酒，一面射箭为戏。几箭射去，李嵩之女竟被徐宣惨无人道地活活射死了。

李家向太守喊冤告状，太守害怕徐宣势大，有宦官做后盾，因而迟迟不敢追查，以致沉冤难雪。

后来，黄浮出任东海相，正好管辖下邳。李家听说黄浮为人刚正不阿，秉公执法，就将冤案告到他那里。

黄浮看了状子，马上派人把徐宣传到东海郡亲自审讯。徐宣仗着有靠山，百般抵赖，拒不认罪。

黄浮又把徐家老幼一并传到大堂。几经审问，供出实情，案情得到证实，徐宣确有杀人之罪。

案情核实后，黄浮下令把徐宣推出去斩首。

黄浮的属官忙说："徐宣背后有靠山，杀不得呀！"

徐宣威胁道："你敢动我？我叔父决不饶你！"

黄浮毫不畏惧，说："徐宣身为百姓父母官，却惨无人道，白日杀人，无法无天，是披着朝廷官服的强盗。如今我替百姓杀了他，就是死也瞑目了。"说罢，亲自监斩，杀了徐宣。

百姓见黄浮为民除害，奔走相告，都夸黄浮是为民申冤的好官。

徐宣被斩后，徐璜为了替侄子报仇，竟向汉桓帝诬告黄浮："黄浮收了李嵩家的贿赂，害死徐宣，请皇上为我做主。"

汉桓帝是有名的昏君，竟听信徐璜的谗言，不问青红皂白，下令剃掉黄浮的头发，给他戴上铁枷，罚他去做苦役。

黄浮为民除害，虽然被罢了官，但老百姓却更加爱戴他了。

□故事感悟

每个人都应有不畏恶势力的勇气，做人也要有自己的主张和原则。就像故事中的黄浮一样，虽然面对强权，但还是不改初衷，不向那些欺压良善、为非作歹的人妥协、让步，最终为百姓除害。

□史海撷英

汉桓帝如厕议事

汉桓帝于本初元年即皇帝位，第二年改元建和元年（147年），梁太后临朝听政。3年后，即和平元年（150年），梁太后在临死前将朝政大权归还给桓帝。不过，汉桓帝并没有马上掌握大权，一直到延熹二年（159年），梁氏集团被消灭前，朝政的大权都把持在大将军梁冀的手中。

当时，朝廷上下几乎都是梁冀的耳目亲信，汉桓帝只能"禁省起居""纤微毕知"，一切都处于梁冀的严密监控下，甚至他的私生活都在梁氏的监督之下无法放纵。

汉桓帝对梁冀把持朝政的行为十分不满。延熹元年（158年）五月二十九日，天空出现日蚀，太史令陈授便随口说了句"这日蚀之象原因在于大将军梁冀"。梁冀知道后，便找了个借口将陈授处死了。

太史令是皇帝的近臣，梁冀这样随便就给处置了，桓帝自然很愤怒，便决定除掉梁冀。这也是他执政以来所做出的第一次重要决定。但当时到处都是梁冀的人，汉桓帝的这一决定与谁商量好呢？在哪里商量呢？无奈之下，桓帝走进厕所，并随口把宦官唐衡叫进来商量对策。

梁冀怎能想到，自己被除掉的计划竟是汉桓帝刘志和宦官唐衡在厕所中确定的。

宦官的婚姻与家庭

从生理上来说，宦官是不能结婚成家的，因此历朝历代也不曾明令禁止宦官结婚。不过，宦官结婚的事件在史书上并不少见，其中大部分宦官都是与宫女结成的"对食"与"菜户"关系。

东汉、唐代、明代三个朝代是宦官为害最激烈的时期。从史料上看，最早记载宦官娶妻结婚的是东汉时期。

到了明代时期，这种畸形的两性关系已经变得更加公开、合法了。明朝初年，明太祖朱元璋是严禁宦官娶妻的，违者剥其皮。但是到了明成祖时期，明成祖开始宠幸宦官，太祖的禁令也逐渐废弛。明代的大太监魏忠贤便与明熹宗朱由校的乳母客氏结为"对食"。不过，客氏最早的"对食"者是太监魏朝。魏忠贤进宫后，便千方百计讨好客氏，致使魏朝与魏忠贤大打出手，惊动了熹宗。熹宗便询问客氏自己的意见，随后魏忠贤与客氏由皇帝做主结为"对食"。

宋义士武松

武松（生卒年不详），绰号"行者"，因为排行第二，又名武二、武二郎。清河县（今山东东平县）人，是《水浒传》的一个主角及《金瓶梅》的重要配角。曾一度被误认为虚构，而事实上却是跟宋江一样为真实的历史人物。

《水浒传》里打虎的武松，人人皆知，家喻户晓，其除暴安良的英雄事迹更是大快人心，令人击节赞赏。

武松的英雄形象高大威武，但毕竟是小说中虚构的人物。近年来经专家考证，武松确有其人。真实的武松武艺高强，有勇有谋，有仇必复，有恩必报，是个侠义之士。《临安县志》《西湖大观》《杭州府志》《浙江通志》等书都记载了北宋杭州府提辖武松勇于为民除暴的侠行壮举。

武松原是浪迹江湖的艺人，相貌奇伟，曾在杭州涌金门外卖艺，观者如堵。

杭州知府高权见武松武艺高强，人才出众，便邀请他进入府衙，让他当了一名都头。都头是官名，即捕快头目，必须武艺高强，以便制伏恶人。

不久，武松因除暴安良立了大功，被提拔为提辖，成为知府高权的心腹。

提辖是宋代一路或一州所置的武官，是"提辖兵甲盗贼公事"的简称，主管本区军队训练和督捕盗贼等事务。

后来，高权因秉公执法，得罪了权贵，被奸人诬陷而遭罢官。刚正不阿的武松也受到牵连，被赶出衙门。

继任知府蔡望是当朝太师蔡京的儿子。蔡京是个大奸臣，蔡望倚仗父亲的权势，在杭州任上敲诈勒索，暴虐殃民，百姓怨声载道，都称蔡望为"蔡虎"。武松疾恶如仇，决心拼上性命也要为民除害。

有一天，武松身藏利刃，隐藏在蔡府附近。当蔡望前呼后拥出现时，武松拔出利刃，一个箭步冲上去，向蔡望猛刺数下，当即结果了他的性命。

官兵们先是愣了一下，当回过神来时，便蜂拥而上，围攻武松。双方激战多时，武松连斩十多人，最后终因寡不敌众而被官兵捕获。不久，武松惨死于狱中。

当地百姓深深感激武松为民除暴之恩，将他埋葬于杭州西泠桥畔。

后来，杭州百姓集资为武松立了一座高大的石碑，上题"宋义士武松之墓"7个大字。

□故事感悟

武松打虎的故事流传千古，虽然打虎的故事是虚构的，但武松见义勇为、除暴安良的事迹绝非空穴来风。我们在敬佩武松的精湛武艺的同时，也为其见义勇为、伸张正义的高贵品质所感动。

武大郎与潘金莲数百年的冤案

武大郎本名为武植，河北清河县武家那村人。武植虽然出身贫寒，但很聪明，而且还崇文尚武，中年便考中进士，出任山东阳谷县县令。潘金莲当时是知州家的千金，住在距武家那村不远的黄金庄。

有史料记载，武大郎与潘金莲婚后十分恩爱，并育有四子。而且，武大郎也不是一个每天卖烧饼的无能之辈，而是造福一方的父母官。本是名门淑媛的潘金莲，婚后也是贤良淑德，并不像后世所描述的那样，被卖到妓院，与西门庆勾搭成奸，谋害亲夫。

那么，为什么武、潘两人的真实面貌会遭受这样的"毁容"呢？

原来，早年生活贫苦的武植曾得到一位王姓同窗的资助。武植做官后，这位同窗因为家境败落，便千里迢迢地前来投奔武植。然而，在武家住了大半年，也不见为官清廉的武植提拔他，他一气之下便不辞而别。

为了发泄心中的怨恨，这位同窗在回乡路上便四处编造，张贴武、潘二人的各种"丑事"，语言极其污蔑损毁。结果，这些事就被不明真相的人传开了。很快，有关武植与潘金莲的各种谣言便传遍了街头巷尾，令其声誉遭受极大损毁。

后世的一些文学作品，如《水浒传》《金瓶梅》等，很可能都是依照以上事件编写出来的。

《水浒传》

《水浒传》是以白话文写成的章回小说，被后人归为中国古典四大文学名著之一。

《水浒传》的内容主要讲述了北宋时期山东梁山泊以宋江为首的绿林好汉由被迫落草为寇，到势力逐渐发展壮大，直至受到朝廷招安，一路东征西讨的故事。

　　《水浒传》又名《忠义水浒传》，初名为《江湖豪客传》，一般简称《水浒》，全书定型于明朝。关于《水浒传》的作者，历来都有争议，通常认为是施耐庵所著，而罗贯中则做了一定的后期整理工作。

吉鸿昌的"木牌"

吉鸿昌(1895—1934),原名恒立,字世五。河南周口扶沟人。中国抗日将领,中共党员。1913年入冯玉祥部,因骁勇善战,屡立战功,从士兵递升至军长。1930年9月,吉鸿昌所部被蒋介石改编后,任第二十二路军总指挥兼第三十师师长,奉命"围剿"鄂豫皖革命根据地。吉鸿昌大义凛然地说:"我能够加入革命的队伍,能够成为共产党的一员,能够为我们党的主义、为人类的解放而奋斗,这正是我毕生的最大光荣。"1934年11月24日,经蒋介石下令,吉鸿昌被杀害于北平陆军监狱。

吉鸿昌是著名的抗日爱国将领。1931年9月21日,在蒋介石的逼迫下,吉鸿昌暂时"下野",被派到美国"考察实业"。

一踏上美国国土,吉鸿昌就遇上了各种怪事。比如说,中国人不能住在头等旅馆里面,而日本人在那里却被奉若上宾。更让人气不过的是,有好多在美国的华人好像默认了这种歧视,每每露出一副自惭形秽的样子。有着强烈民族自豪感的吉鸿昌将这一切看在眼里,痛在心头。

有一天,吉鸿昌和中国驻美国大使馆的一名官员一起往国内寄一些衣物。当吉鸿昌说要寄往中国时，那个邮局的工作人员竟然撇着嘴说："什么？中国？我还真不知道有什么中国……"说罢哈哈大笑起来。

那个官员埋怨吉鸿昌："你为什么非要说自己是中国人呢？你看这点事都被人穿小鞋。你要是说自己是日本人的话，那事情肯定好办多了！"

这下可把本就窝火的吉鸿昌气坏了。他一把抓住那个官员的衣领，大声怒斥："做中国人你觉得丢脸，是吗？可是我觉得做一个堂堂正正的中国人光荣得很！让我去做洋人的哈巴狗，死都做不到！"

说完，吉鸿昌就丢下官员快步走回自己的住处，立刻做了一块木牌，用英文在上面大大地写着："我是中国人！"以后在美国的日子里，他不论走到哪里，都把这块木牌佩戴在胸前，昂首阔步，在美国的大街上迈着一个自尊的中国人的步伐。

1932年，吉鸿昌回到国内，他领军沉重打击了日军的嚣张气焰。后来他投身共产党，不幸被国民党逮捕，敌人的威逼利诱对他根本不起作用。在就义之前，他写下了这样的诗篇："恨不抗日死，留作今日羞。国破尚如此，我何惜此头。"

■故事感悟

在国家动荡不安、国力孱弱的时候，吉鸿昌作为一名中国人在国外始终昂首挺胸，用胸前的木牌证明了自己是一个中国人、一个有骨气的中国人！

■史海撷英

吉鸿昌的"铁军"

1925年10月，吉鸿昌升任为绥远省督统署直辖骑兵团团长兼警务处处长。不久，他又被任命为第三十六旅旅长。

在十几年当中，吉鸿昌的官职虽然不断上升，但这些丝毫没有改变他"当兵救国，为民造福"的初衷。他时刻铭记着父亲"做官即不许发财"的教诲，平时生活简朴，将钱财用于兴办各种公益事业。

在结识共产党员宣侠父等人后，吉鸿昌便开始接触革命思想。1926年9月，冯玉祥在五原誓师，响应北伐，吉鸿昌便率部参加了西安之战。1927年4月，吉鸿昌所部扩编为第十九师，吉鸿昌也升任为师长，并归属冯部国民革命军第二集团军所辖。

国民革命军沿陇海路东征，吉鸿昌率部陆续攻克了洛阳、巩县等地，并强渡黄河，占领了豫北重镇新乡，将奉军打得抱头鼠窜。为此，吉鸿昌所部也被誉为"铁军"。

□文苑拾萃

就义诗

吉鸿昌

恨不抗日死，留作今日羞。
国破尚如此，我何惜此头。

闻一多拍案而起

闻一多（1899—1946），本名闻家骅，号友三。诗人、学者、爱国民主战士。生于湖北黄冈浠水县。家传渊源，自幼爱好古典诗词和美术。新月派代表诗人，作品主要收录在《闻一多全集》中。

闻一多是我国近代著名学者、诗人。他在抗日战争胜利后，积极参加反对内战的民主运动，是正直敢言而不惜牺牲生命的民族英雄。"最后一次演讲"就是与他有关的一个故事。

1945年12月1日，国民党军阀制造了震惊中外的"一二·一"惨案。大批特务和军人分批闯入云南大学、西南联合大学工学院、西南联合大学附属中学等处，捣毁校具，劫掠财物，殴打师生。

暴徒们还向手无寸铁的学生投掷手榴弹，又冲上去对被炸伤倒地的学生棍打刀刺，致使多人伤亡。1946年3月17日，昆明大、中院校及各界数万群众参加了"一二·一"烈士出殡、路祭仪式。这一天，闻一多始终走在送葬队伍的最前面。

从那以后，闻一多成了一些人的眼中钉，他被国民党特务们监视起来。有好心的朋友劝他躲一躲，闻一多回答："古人还知道士为知己者死，我们现在认识到真理了，为真理而斗争，还怕牺牲生命吗？"

1946年7月11日，闻一多的挚友李公朴被暗杀，闻一多气愤极了。在李公朴殉难经过报告会上，他愤然拍案而起，针对在会场里捣乱的特务发表了最后的演讲：

"这几天，大家晓得，在昆明出现了历史上最卑劣、最无耻的事情！李先生究竟犯了什么罪？竟遭此毒手，他只不过用笔写写文章，用嘴说说话……有什么理由拿出来讲啊！有事实拿出来说啊！为什么要打要杀，而且又不敢光明正大地来打来杀，而偷偷摸摸地来暗杀！这成什么话……特务们，你们想想，你们还有几天？希特勒、墨索里尼不都在人民面前倒下去了吗？翻开历史看看，你们还站得住几天？你们完了，快完了！"

1946年7月15日，闻一多先生被特务暗杀。他用自己的生命，履行了自己"前脚走出大门，后脚就不准备再跨进大门"的神圣诺言。

毛泽东在《别了，司徒雷登》一文中说起拍案而起的闻一多时写道："我们中国人是有骨气的。"

著名作家臧克家说："闻一多先生，是卓越的学者，热情澎湃的优秀诗人，大智大勇的革命烈士。"

□故事感悟

一个人的生命是宝贵的，但闻一多为了真理和革命献出了自己的生命。他之所以能够勇于舍身，是因为他有一种为人民、为国家不惜牺牲的勇气。一位智者曾经说过：勇气通常和能力并驾齐驱，也是成就辉煌的最好推动力。翻开史书，古今中外的许多志士仁人，无不为真理和正义的事业抛头颅、洒热血，从而筑就了辉煌的丰碑。

闻一多的诗

闻一多是我国现代著名诗人，他的诗具有极其强烈的民族意识和民族气质。在他的全部诗作中，都贯穿着强烈的爱国主义精神。这种精神也成为闻一多诗歌创作的主要基调。

早年在清华学生时代所作的《李白之死》《红荷之魂》等诗中，闻一多就成功地运用中国传统的诗歌题材和形象词汇，尽情地抒发了自己心中的理想与爱情。

在留美时期，闻一多还写下了《太阳吟》《洗衣歌》《孤雁》《忆菊》等名篇，表现了他对帝国主义"文明"的鄙视和对祖国的思念。

回国初期，在诗作《祈祷》《爱国心》《一句话》《我是中国人》《七子之歌》当中，闻一多又用炽热的情感表现了自己的民族自豪感。

《死水》时期，闻一多的诗比以前创作的题材更为广泛，思想也更加深沉，比较深刻地接触到了中国的社会现实。在《春光》《荒村》等诗中，则充满了对处于军阀混战中灾难深重的劳动人民的同情。

总之，闻一多的诗篇出色地发展了屈原、杜甫等诗人在创作中的爱国主义传统，具有鲜明的时代感及社会批判的性质。

□文苑拾萃

《最后一次演讲》节选

闻一多

这几天，大家知道，在昆明出现了历史上最卑劣最无耻的事情！李先生（李公朴，1946 年 7 月 11 日在昆明被国民党特务杀害）究竟犯了什么罪，竟遭此毒手？他只不过用笔写写文章，用嘴说说话，而他所写的、所说的，都无非是一个没有失掉良心的中国人的话！大家都有一支笔，有一张嘴，有什么理由拿出来讲啊！有事实拿出来说啊！为什么要打要杀，而且又不敢光明正大地来打来杀，而偷偷摸摸地来暗杀！这成什么话？

今天，这里有没有特务？你站出来！是好汉的站出来！你出来讲，为什么要杀死李公朴先生？杀死了人，又不敢承认，还要诬蔑人，说什么"桃色事件"，说什么共产党杀共产党，无耻啊！无耻啊！这是某集团（国民党反动派）的无耻，但恰好是李先生的光荣。李先生在昆明被暗杀是李先生留给昆明的光荣！也是昆明人的光荣！

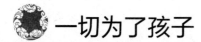一切为了孩子

1994年1月15日，是浙江省萧山市的市长接待日。这天，一位副市长在瓜沥镇现场办公。有困难找市长的人很多，时间过得也特别快，不一会儿就到了吃午饭的时间，看来很多问题要等到下午去解决了。

人群中有一个挂着双拐的女青年。她已经等了一个上午，眼看已经轮到自己，可是时间不够了。她的脸憋得通红，好像话到嘴边却不知怎么说。

副市长要站起来离开了！不行，一定得说！她咬咬嘴唇，鼓起勇气："市长，我是为孩子们来的，请您听我说……"她说话的声音那么洪亮，连她自己也吓了一跳。

霎时，周围鸦雀无声，所有人的目光都落到了这个情绪激动的残疾女青年身上。

这个女青年叫钱江瑶。当地人都知道，她开办了一个远近闻名的幼儿园——娃哈哈幼儿园。那是一座300多平方米的两层楼房，里面布置了钢琴、空调等教学设施和生活设施，400多名孩子在这里生活学习，两辆园车每天接送孩子。可想而知，钱江瑶为这所幼儿园付出了多少心血。今天，她就是为这个幼儿园来找副市长的。

一切还得从头说起。

多年以前，严重的小儿麻痹症导致钱江瑶右腿终身残疾。她就像折了翅膀的鸟儿，很想飞上蓝天，但不管怎么努力，总是飞不起来。后来，钱江瑶找到了一份出纳的工作。

　　在这期间，她听到不少孩子因到处乱跑发生意外的事件，也看到家长们因家中孩子无人看管，上班心绪不宁、忧心忡忡的情况，她还了解到一些物质条件优裕的孩子内心孤独、性格专横的现象。一种社会责任感渐渐在她心中萌发出来："我要办一所幼儿园，一为家长除去后顾之忧，二为培养孩子创造良好的环境。"

　　钱江瑶不是一个事情想过说过就算了的人，她马上采取了实际行动。开办幼儿园需要一大笔钱，即使把自己的全部积蓄都投进去仍然不够，于是钱江瑶变卖了母亲给的金项链，连台湾舅舅给的看病钱都贴进去了。终于在1990年7月，钱江瑶在当地租了一间120平方米的民房，办起了"娃哈哈幼儿园"。那一年她29岁。

　　在竞争激烈的现代社会，健全人要办点事都不容易，何况残疾人！为了节省开支，对于幼儿园的一切，钱江瑶都自己动手做。她独自开着残疾人用的三轮车，头顶烈日在乡间小道上颠簸，为的是购置教具、玩具和生活用品。墙壁需要粉刷，教材需要选定，教师需要聘请……这些事她都自己操劳。

　　有一年除夕，钱江瑶利用孩子回家休息的时间在幼儿园整修教室。要粉刷的墙面很多，又没有人帮助，一刷一帚都靠她自己。高处够不着，她就把滚筒捆绑在竹竿上往高处刷。天黑了，屋外鞭炮声四起，她这才意识到自己还没吃年夜饭，于是拖着已失去知觉的双腿，一步三晃地往家里走。200米的路程，她艰难地走了将近一个小时。

　　对于这些，钱江瑶都无怨无悔，只要想到孩子们的笑脸，她就觉得一切都是值得的。她把孩子们的需要视为自己的需要，而把身体残疾置之度外。

1992年冬天，为了做好幼儿园的保暖工作，钱江瑶跑到几十公里外的姐姐家去弄木炭。半路上，她的残疾车抛锚了，前不着村后不着店，她在冷风中坐了几个小时，好不容易等到有拖拉机开来，才被带到姐姐家。

回家的路上，不巧又下起了雨，她宁愿自己淋雨，把雨衣盖在了木炭上。孩子们烤上了火，她却因为淋雨生了病，高烧持续几天都没退。

正是因为她付出了真心，才赢得了人们的信任，越来越多的家长要把孩子送到钱江瑶的幼儿园来。为了孩子们，钱江瑶决定尽其所能，扩大幼儿园的规模。可是经过多方奔走，此事一直没有结果。当她知道副市长和其他一些政府官员要到镇上来现场办公后，也不知哪儿来的勇气，她决心去试试。

"我要两亩地，幼儿园真的非常需要扩大规模……"她就这样一口气说了下去，虽然她心里一点儿把握都没有。

谁知，当副市长听完她的叙述后，当即表态："好的，我帮你联系。"钱江瑶有点儿不敢相信自己的耳朵，没想到事情这么顺利！她激动得一个晚上没睡好觉。

后来，市政府从市长基金中专门拨款5万元，帮助她购买土地使用权。两年后，又从市长基金中拨款3万元帮助她改善设施。地处偏僻的小乡村从此有了一个设施良好的幼儿园，这让钱江瑶感到欣慰，也让村民们感到自豪。

■故事感悟

一个自强不息的人，身上总会焕发出不一般的勇气。钱江瑶的勇气不是一时一刻的，而是体现在她生活的每一分钟。看到正义的、为人民

作贡献的事情就去做，并且持之以恒，这也是见义勇为，值得我们每一个人学习！

□文苑拾萃

希望工程

　　希望工程创立于 1989 年 10 月，是共青团发起的倡导并组织中国青少年发展基金会实施的一项社会公益性事业。其宗旨是广泛动员海内外财力资源，建立希望工程基金；面向贫困地区，救助因家庭贫困而失学的儿童重返校园，完成小学学业；保障适龄少年接受义务教育的权利；资助乡村小学改造危旧校舍，建设希望小学；改善贫困地区办学条件，促进贫困地区基础教育事业的发展。

血染的风采

徐洪刚（1971— ），云南省彝良县洛旺乡人。1993年7月入党。历任战士、班长、排长、副政治指导员、政治指导员、团保卫股干事，现任中部战区某旅副政委。

1993年8月的一天，在一辆长途汽车上，很多乘客随着车身的摇晃打起了瞌睡。谁也没有想到，罪恶正在人们毫无戒备时伸出了它的黑手。

坐在车窗边的一个年轻妇女忽然听到一个粗暴的声音："把你身上的钱全都拿出来！"只见一个小伙子手拿尖刀，正恶狠狠地盯着她。这个妇女脱口而出："我没钱！"

歹徒的同伙说："没钱就扒了她的衣服。"歹徒果真动手去脱这个妇女的上衣。同伙又想出更恶毒的招数，竟又大声嚷道："把她推下车去！"

在同伙的怂恿叫嚣下，歹徒的气焰更加嚣张。他一手卡住妇女的脖子，一手揪着她的衣服把她朝车窗外推！妇女惊吓得尖叫起来。

车内的乘客被惊醒了，众人的目光纷纷聚焦到这里。但看到歹徒们凶狠的表情和他们手中明晃晃的刀子，大家都呆住了，谁也不敢上前阻止。

正在这时，一名身着迷彩服的年轻人睁开惺忪的睡眼，看到了眼前的一幕，顿时瞪圆了眼睛。只见他毫不犹豫地站起身，大喊一声："住手！"

歹徒不由得哆嗦了一下，定睛一看，见是一名身材单薄、脸上还显得很稚嫩的小战士，就凶巴巴地吼道："滚开，少管闲事！想挨揍啊？"

小战士再也抑制不住心头的怒火。只见他飞身上前踢出一脚，一个歹徒应声倒地，接着又三拳两脚地制服了另一个歹徒。

突然，从车厢后面又蹿出了两个暗伏已久的歹徒。他们从后面抱住小战士，向同伙喊道："捅了他！"

刚才那两个歹徒拿起匕首就向战士的身上猛刺过去。小战士强忍着疼痛，死死地抱住身边的一个歹徒。尖刀一下又一下地向他身上捅去……整整捅了14刀！

鲜血浸透了战士身上的迷彩服，也深深地撼动了乘客们的心。良知终于战胜了内心的胆怯，大家纷纷喊道："抓住杀人凶手！"

歹徒们心慌了，连忙跳窗逃窜。此时这名战士已经血流满地，但他仍以惊人的毅力纵身跳出窗外，继续追赶歹徒。

1米，2米，……10米……50米……在他身后，留下了长长的血迹。他终于支撑不住，倒在了血泊中……

一辆轿车路过，司机见状连忙停下车。战士伸手指着歹徒逃窜的方向，用微弱的声音说："不要管我，快……快追歹徒！"

这名战士的事迹迅速传遍神州大地。他叫徐洪刚，是一名年仅22岁的战士。为了表彰他的事迹，共青团中央授予他"见义勇为青年英雄"的荣誉称号，并号召全国青少年向他学习。

　　徐洪刚的见义勇为充分体现了一名解放军战士的英雄本色。自古以来，就常有路见不平、拔刀相助之事。面对黑恶势力，也需要有人站出来主持公道，相信正义必将战胜邪恶。因此，我们都要做个有正义感的人，决不能让一些邪恶势力得逞，危害社会。

平民英雄，顶天立地

　　周光裕（1944—2001），17岁下乡插队，32岁返城在南京钨钼材料厂当工人，52岁下岗。下岗后在市场做过小买卖，开过浴室，搞过空调安装……他却一直对生活充满热爱，对工作充满热情，对社会和家庭充满责任感。2001年11月12日傍晚，在南京火车站，为解救他人于危难，周光裕挺身而出与歹徒搏斗，身中数刀，英勇牺牲，时年57岁。2001年12月27日，周光裕被江苏省政府追认为革命烈士。2002年1月4日，江苏省授予周光裕"见义勇为英雄"的光荣称号，被誉为"平民英雄"。

　　2001年11月12日，南京市一位普通的下岗工人周光裕离开了人世。之后的一个多星期里，赶到他家中慰问和悼念的人数以千计。许多相识或不相识的人主动为这个贫困家庭捐款，捐款额高达16万元人民币。

　　11月29日早晨，成百上千的人冒雨赶到南京石子岗殡仪馆，参加周光裕的追悼会。他们中的大多数人和周光裕素昧平生，有的还是专程从外地赶来的。中午时分，在千百双眼睛的含泪注视下，周光裕的骨灰被安葬在南京市雨花台功德园中。

南京市民这样传颂着周光裕：平民英雄，顶天立地。

他到底是一位什么样的英雄人物呢？

17天前的那个傍晚，一名中年妇女正走在南京火车站附近一条僻静的马路上。她像是想起了什么事，从口袋中掏出手机准备打电话。忽然，一只手从背后夺走了她的手机，可能是因为用力过猛，手机"啪"的一声掉在了地上。当小个子歹徒弯腰捡手机的时候，另一个大个子歹徒已用尖刀顶住了中年妇女的小腹。她还没回过神来，肩上的背包就被歹徒一把抢走了。

"抢钱啦，有人抢钱……"眼看着歹徒仓惶逃跑，中年妇女如梦初醒，大声叫喊起来。

这时，周光裕正好骑车路过，听到叫声后立即调转车头，朝着中年妇女手指的方向奋力追去。

追了100多米，周光裕追上了两个狂奔的歹徒。他跳下车，一把揪住跑在后边的小个子歹徒，将他摁倒在地上，喝道："把抢的东西交出来！"

就在这时，跑在前面的大个子歹徒举刀冲过来，对准周光裕的大腿就是一刀。

周光裕愤怒了，猛蹬一脚，把持刀的大个子蹬倒在地上。小个子慌忙来掰他的手，可这一双手像钳子似的紧紧卡住了他。

搏斗仍在继续。

大个子歹徒一看碰上了一个不惜命的，又怕又急。他猛地爬起来，挥舞尖刀，丧心病狂地朝周光裕的身上连刺了五六下，最后一刀刺透了周光裕的肺部。周光裕紧抓劫匪的手渐渐无力地松开，他倒在了血泊中。

被送到医院后，周光裕因失血过多而死亡。而再过3个月，他就是58周岁的人了。

邻居和朋友听到周光裕的死讯后，一时都不敢相信这是真的。在他们的眼里，周光裕是一个好人，好人怎么就这么走了呢？

生前的周光裕有一副热心肠。谁家有事，招呼一声，他都会一口答应，从不拿酬劳。

周光裕下岗后曾在菜场卖过猪肉，全菜场就他有台绞肉机，他从来都是拿出来给大伙无偿使用，也不怕同行抢他的生意。楼里的电闸跳了，第一个出来修的肯定是他。

不过，很多人恐怕不知道，早在10多年前，当周光裕还在南京市钨钼材料厂当门卫时，他就已经表现出了勇敢正直的品质。

那一次，厂里一个有名的小痞子拿了公家的材料想溜出门，周光裕发现后，坚决不让他走。这个小痞子恼羞成怒，挥拳就打。

周围有人出来打圆场，周光裕就是不退让。最后，集体的财产没有损失，老周的脸却肿了一个多星期。

因为这件事，厂里特地通报表扬了周光裕。一些青年工人对周光裕敢争敢斗的精神十分佩服，纷纷向他竖起大拇指，周光裕却谦虚地说："这没什么，我是一个老工人，老工人就要有正义感，要无私无畏，对好人要好，对坏人不能怕，要以正压邪。"类似的事情在他还是一名"知青"时也发生过。

周光裕的事迹被广泛报道后，人们的心灵受到了震颤。物质财富的多少，绝不是人生幸福的唯一标准；社会地位的高低，更不表明一个人道德品格的高尚与卑劣。

在市场经济的大潮中，由于种种历史和现实的原因，一个品德优良的劳动者也可能下岗。但是，只要他坚持正直做人的原则，坚持真诚劳动的态度，坚持维护正义的勇气，那么他不仅能自立自强，赢得人们的信赖和尊重，还能在平凡中体现人格的高尚，在危急中表现出英雄的壮举，从而成为人民和社会学习的榜样。

2002年4月，周光裕被授为"全国见义勇为先进分子"。中共中央宣传部、中央社会治安综合治理委员会、公安部和中华见义勇为基金会在南京联合举行表彰仪式，向周光裕的妻子颁发了荣誉证书、奖章，还奖励了抚恤金10万元人民币。中华全国总工会还追授周光裕全国"五一劳动奖章"。

清明是思念故人的时节，在苍松翠柏掩映的周光裕烈士墓前，前来悼念英雄的人络绎不绝。人们满怀崇敬的心情祭奠这位与歹徒搏斗英勇献身的下岗工人，深情地追忆着这位普通公民平凡人生中的美好道德情操。

■故事感悟

英雄都是从普通人中走出来的，我们普通人就生活在英雄身边，同样有义务为社会担当责任。如果我们每个人都能像周光裕那样，遇到危急情况挺身而出，那么整个社会就会成为犯罪分子的地狱、群众安居乐业的天堂。愿我们每个公民都能从周光裕身上学到这种见义勇为的高尚品质。

第二篇
巾帼英豪，勇敢少年

毛聚保护后母

毛聚（生卒年不详），明代人。

明代有个名叫毛聚的孩子，他从小心地善良，懂得尊重孝敬长辈。毛聚幼年丧母，父亲娶了秦家女子给毛聚当继母。秦氏进毛家后，不但把家事管得井井有条，还特别疼爱毛聚，对毛聚的照顾无微不至。

毛聚稍大后很会体贴人。由于他父亲在外经商，经常半个多月不在家，家中事都由秦氏忙碌。毛聚看到继母日夜操劳很辛苦，就常帮助她做些家务。别的孩子放学后到处玩，毛聚总是在学堂把功课做完，然后赶回家帮继母挑水、砍柴、放羊、喂猪，生怕母亲太劳累。

这样，秦氏和毛聚的感情越来越深，不知底细的人以为他们是亲生母子呢。

有一次，毛聚的父亲不在家，秦氏突患重病卧床不起。毛聚非常着急，请来医生给继母看病，又为继母烧水端药。在秦氏生病的日子里，毛聚日夜守候照顾。

这一天，毛聚正在煎药，忽听有人大喊："强盗来啦！快跑啊！"人们边跑边喊着。毛聚急忙回到屋里，想和继母找地方躲起来。但继母病得太重无法行走。毛聚焦急万分，但又怕继母因此受到惊吓病情加重，于是就坐在床边和她轻轻说话，让她安心。

这时，房门被撞开了，冲进来几个手拿大刀、气势汹汹的强盗。毛聚忙用身体挡住继母。一个强盗见屋里只有孩子和卧床不起的病人，对毛聚喊道："小孩儿，你不怕死吗？为什么没逃跑？"

毛聚看着这伙强盗，想到继母的病难过得流下眼泪。他说："继母为了抚养我而累病了。她病得这么重不能行走，我怎么能忍心把她一个人丢在这里，只顾自己逃命呢？"

秦氏怕强盗伤害毛聚，把儿子紧紧地搂在怀里。强盗们看到毛聚小小的年纪，为保护继母而毫不害怕，既惊奇又佩服。他们互相看了看，都不忍心伤害秦氏母子，反而替毛聚带上门走了。

不久父亲回来了，听说这件事后，既高兴又后怕。他拍着毛聚的肩膀激动地说："你真是我的好孩子！"

■故事感悟

毛聚为了继母不被伤害，在危难时刻依然守在继母身旁，用身体护住继母，连强盗都被他的勇气和孝心所感动。毛聚的勇气来源于对继母的爱，这种有信仰的勇气无疑是伟大的，也是可敬的！

■史海撷英

张献忠起义

崇祯三年（1630年），张献忠在家乡聚集了十八寨农民，组织起一支队伍响应王嘉胤等起义，自号"八大王"。由于他又高又瘦，面色微黄，长胡子一尺六，军中称他为"黄虎"。他率领的这支队伍后来投奔了王自用，成为其一部分。

张献忠小时读过一些书，长大后又受过军事训练。他为人足智多谋，果敢而勇猛，很快就显示出了指挥才能。他带领的队伍是当时以王自用为盟主的三十六营中最强劲的一个营。

从此，张献忠跟随义军，转战于陕西、山西、河南、安徽、湖北、四川等地，在战斗中屡立战功。他的队伍不断壮大，由几千人发展到几万人，成为起义军中最强大的部队之一，在与明朝官军的作战中起着举足轻重的作用。

■文苑拾萃

《二十四孝》

《二十四孝》的全名是《全相二十四孝诗选》，第一种说法是元代郭居敬编录；第二种说法是其弟郭守正编写；第三种说法是郭居业撰写。

《全相二十四孝诗选》的内容是历代24个孝子从不同角度、不同环境、不同遭遇行孝的故事集。由于后来的印本大都配了图画，因而又称《二十四孝图》。《二十四孝图》是中国古代宣扬儒家思想及孝道的通俗读物。

《二十四孝》里的故事，大都取材于西汉经学家刘向编辑的《孝子传》，也有一些故事取材于《艺文类聚》《太平御览》等书。

 # 怕死不是共产党员

刘胡兰（1932—1947），原名刘富兰。山西省文水县云周西村人
（现已更名为刘胡兰村）。1945年进中共妇女干部训练班。1946年被
分配到云周西村做妇女工作，并成为中共候补党员。1946年12月21
日，刘胡兰参与暗杀云周西村村长石佩怀的行动。当时的山西省国
民政府主席阎锡山派军于1947年1月12日将刘胡兰逮捕，因为拒绝
投降，被铡死在铡刀之下，时年15岁。随后，刘胡兰被中共晋绥分
局追认为中共正式党员。

"怕死不是共产党员！"这是一句多么铿锵有力、气壮山河的豪言
壮语。谁能想到，这句话竟出自一个年仅15岁的少女口中。而她说这
句话的时候，头顶上正悬着血淋淋的铡刀。

就让时光倒流70年，让我们一起回到1947年的那个冬天吧！

1月12日这天，在山西省文水县云周西村，一阵枪声打破了小村的
宁静。村里的人们惊慌失措，不知发生了什么事，原来是一支国民党军
队突然包围了村子。

村里的人被国民党兵从家里赶出来，集合到了一片空地上。前面是

一排黑洞洞的枪口和冰冷的刺刀。人群中，有个十五六岁的姑娘显得十分镇静，她用机警的眼神密切地盯着敌人的一举一动，她就是村里的妇联主任刘胡兰。

说起刘胡兰可是远近闻名。她从小疾恶如仇，12岁时就成了一名光荣的儿童团员，和伙伴们一起站岗放哨，侦察敌情，被大家亲切地称为"小八路"。13岁那年，她就当了村里的妇联主任，领着大家进行支前活动。第二年，她因出色的表现被破格吸收为共产党员。

这时，一个大胡子军官恶狠狠地对人们说："你们这里谁是共匪？最好乖乖地站出来。"

人群一片沉默。

大胡子见状，回头示意了一下，从角落里走出了一个神色慌张的男子。刘胡兰一见，暗自骂道："可耻的叛徒。"

那名男子走进人群，打量着每个人。很快，他的目光就落在了刘胡兰身上。刘胡兰愤怒地盯着他，那男子则做贼心虚地躲闪着她的目光。

敌人冲上来，把刘胡兰从人群中揪了出来。

大胡子逼问她说："村里还有谁是共产党员？把区里的党员名单交出来！"

刘胡兰轻蔑地看了他一眼，头一昂，斩钉截铁地说："不知道！"

大胡子见硬的不成，就软了口气说："你说出一个人来，就给你100块钱。"

刘胡兰不屑地"哼"了一声，大声说："给我金砖也不说！"

敌人恼羞成怒了，他们把刘胡兰拖到大庙前，当着她和乡亲们的面，把抓来的几个民兵用铡刀凶残地铡死了。人们都惊呆了！年幼的孩子被这血腥的场面吓得大哭起来。

刘胡兰看着同志们被害，心如刀绞。敌人指着血淋淋的铡刀恶狠狠地说："你到底说不说？不说就铡死你！"

刘胡兰咬着牙坚定地说："不说就是不说！怕死不是共产党员！"

敌人准备动手了。刘胡兰转过脸，深情地看了看乡亲们，又仰望了一下蓝天，然后挺起胸膛向铡刀走去……

北风凄厉地刮着，英勇的刘胡兰壮烈地牺牲了。

党和人民不会忘记刘胡兰，毛泽东主席亲自为她题词："生的伟大，死的光荣！"

□故事感悟

世界上总有正义和邪恶之分，有时当一种强大的反动势力出现时，也正是考验一个人的时候。做人一定要有勇于为自己的信仰而抗争的精神，为使他人免遭不幸，应该毫不犹豫地挺身而出，敢于同反动势力进行斗争。正如刘胡兰这样，"生的伟大，死的光荣"的人才会受到人们的敬佩和怀念。

□史海撷英

儿童团团长刘胡兰

1942年，11岁的刘胡兰当上了儿童团团长。她经常与小伙伴们一起在云周西村周围站岗、放哨，掩护抗日干部。

有一天，晋绥专署抗联的米主任正在云周西村召开干部会，刘胡兰发现村子周围有日军前来偷袭，便马上报告米主任，让他们安全转移。

1942年，中共文水县敌后工作委员会成立。一天，工委李书记来到云周西村，传达党的指示。刘胡兰知道这个消息后，十分高兴，更加积极地为落实党的政策出力办事。此后，她经常跟随武工队员到敌人的据点散发传单、贴标语，对敌人展开政治攻势。在这期间，中共文水县委委员张振晋同志隐蔽在云周西村中，秘密地领导这一带的抗日工作，刘胡兰深受他的影响和教育。

在艰苦的抗日斗争中，许多优秀的党员和革命战士都献出了自己的生命，他们英勇不屈、视死如归的英雄事迹也让刘胡兰深受感动。特别是15岁的通讯员王士信、武占魁为了掩护区长脱险壮烈牺牲的情景，更令她难以忘怀。

这年夏天，刘胡兰和敌工站的刘站长趁着敌人在据点唱戏的机会，巧妙地侦察敌情，顺利地完成了工委交给他们的任务。

■ 文苑拾萃

刘胡兰烈士陵园

刘胡兰烈士陵园位于山西省文水县城东17公里的云周西村。该陵园建于1956年，后来在1957年、1976年又经过两次扩建。

整个陵园中的馆舍坐北向南，占地6万平方米。馆前广场的汉白玉纪念碑上，刻着毛泽东同志的亲笔题词："生的伟大，死的光荣。"烈士墓前耸立着汉白玉石的烈士雕像。

馆内还设有刘胡兰烈士的生平事迹陈列室、烈士被捕处、斥敌处、就义处等。为了纪念刘胡兰英勇就义50周年，1996年又对纪念馆进行了较大规模的维修改造工程，增设了刘胡兰事迹影视室、纪念刘胡兰书画室以及党和国家领导人的题词碑。

在中国革命战争年代献身的英烈中，刘胡兰是唯一一位由毛泽东、邓小平、江泽民三代领导人题词的革命烈士。

母子两代英雄

马本斋（1901—1944），原名马守清，经名尤素夫·马本斋。河北直隶献县人，回族。著名抗日英雄。曾在东北军中任团长，九·一八事变后，因不满蒋介石的不抵抗政策，毅然弃官回乡。抗日战争全面爆发后，组织"回民义勇队"，抗击日本侵略军。1938年率部参加八路军，同年加入中国共产党。历任回民教导总队总队长，1939年任冀中回民支队司令员，率部转战于冀中和冀鲁豫平原。1942年6月任八路军冀鲁豫军区第三军分区兼回民支队司令，回民支队为晋察冀边区司令员吕正操所辖。1944年部队奉命转赴延安，在途中马本斋带状疱疹发作，又感染肺炎，病逝于山东莘县。

1872年，白文冠生于河北省河间县，她是著名回族抗日英雄马本斋的母亲。马本斋和母亲白文冠英勇不屈，抗击日本侵略者的故事曾经感动过几代中华儿女。

白文冠为人心地善良，秉性刚强，待人宽厚，疾恶如仇。虽然家境贫寒，但她努力支撑着一家人穷苦的日子，还时常接济更穷的乡邻。她略识文字，遇事有主见，常给孩子们讲苏武牧羊、岳母刺字、木兰从军的故事。她时常教育孩子："做人要正，走路要直，不能损人利己。咱人穷志不穷，累能受，苦能受，气不能受。"

1925年，马本斋投奔东北军张宗昌部下当了兵。由于他吃苦耐劳，文武兼备，3年后就被擢升为团长。

可是，当了团长后，他的思想却发生了很大变化。他亲眼看到这支军队并不是为穷苦百姓的，总是借口"剿匪"残害百姓。他几次请战，也不为上峰批准。他感到心灰意冷，报国无门，于是毅然辞去军职，解甲归田。辞职前，他写了一首诗，表达自己的心志：

风云多变山河愁，雁叫霜天又一秋。

空有满腹男儿志，不尽沧浪付东流。

1921年秋，马本斋回到家乡东辛庄，重操农活。母亲对儿子的做法很理解，也支持儿子的义举，说道："解甲归田是好事，咱不能做对不起老百姓的事。"

1937年，卢沟桥事变后，抗日战争全面爆发。战火很快蔓延，次年年初，日寇就进了东辛庄。在一片火海中，白文冠的大儿子马守朋和一些乡亲们惨遭日寇枪杀！

白文冠望着倒在血泊中的大儿子和乡亲们，把马本斋叫到跟前，厉声说道："本斋，咱回族有句话：'对恶狗用棍子，对强盗用刀子。'咱这人命绝不能白搭！你当过兵，打过仗，你现在就去拉队伍、打鬼子，为娘、为乡亲们报仇！"

"娘！本斋明白，咱跟鬼子汉奸势不两立！"马本斋义愤填膺，当即拿出他珍藏多年的从东北军带回的二十响匣子枪，找到村里一些乡亲们，说道："乡亲们，你们怕不怕死？"

　　乡亲们素来敬佩"马团长"，齐声答道："本斋，你就说怎么干吧，我们听您的指挥！"

　　"好！抄家伙，拉队伍，不杀尽鬼子，决不罢休！"马本斋斩钉截铁地吼道。

　　当晚，凉风习习，树影婆娑，月光如泻，流星闪烁。在东辛庄马家院子的椿树下，围坐着十几个回族热血男儿。他们一会儿慷慨激昂，一会儿低首沉思，在商议着怎样拉队伍抗日。白文冠特地买了两斤烧酒，3斤花生米，招待大伙边饮边谈。经过一番商议，决定组建"回民义勇队"，大伙一致推举马本斋担任义勇队队长。

　　1938年8月30日这一天，回民第一支抗日武装——回民义勇队，在东辛庄清真寺前正式成立了！义勇队员们手持大刀、长矛，肩扛土枪、钢叉，在马本斋的率领下，跪在地上向真主起誓："国难当头，日寇杀我父老乡亲，穆斯林大义大勇，要讨还血债，报仇雪恨，死而无怨！"

　　就这样，一支60余人的回民抗日武装在华北平原上揭竿而起！

　　为了支持抗日大业，白文冠走东串西，四处奔波，组织村里30多个妇女为义勇队员洗衣、做饭，慰问照料伤病员。在她的影响下，东辛庄的乡亲们全都投入了抗日的洪流。

　　1938年春，马本斋通过八路军河北游击军司令员孟庆山介绍，加入了中国共产党领导下的冀中军区（司令员吕正操，政委程子华）"回民干部教导总队"，并担任总队长。是年秋，马本斋光荣地加入了中国共产党。他激动地握住入党介绍人的手说："今天，才是我马本斋真正的生日！"

　　1939年7月，经中共中央军委批准，马本斋出任回民支队司令员。他举起铁拳，在队旗下带领大家庄严宣誓："头可断，血可流，不灭日寇，誓不罢休！"

马本斋的回民支队被日寇视为眼中钉，欲拔之而后快。

一条阴险的毒计炮制出来了：日寇、汉奸决定利用马本斋的母子之情，扣押白文冠为人质，逼迫马本斋投降。

1941年8月的一天，阴霾满天，刀光闪闪，日寇山本联队500余人突然包围了东辛庄。为了掩护白文冠，马维良等三位回族青年不幸被杀害。敌人没有抓到白文冠，把乡亲们统统押到清真寺大殿关起来，一个个审讯，逼问白文冠的去向。

当时，白文冠就在群众里面。乡亲们以无比的忠贞，保护着德高望重的白文冠，维护着神圣的民族气节！

汉奸又拖住汉族农民王兆喜，用滚烫的开水往他头上浇。王兆喜仍守口如瓶，回答说："马老太太跟本斋的队伍去了！"

敌人恼羞成怒，继续毒打王兆喜。

"住手！"为了保护乡亲们，白文冠从人群中冲出，指着汉奸崔春久骂道："好狗要把三邻护，义马救主世人传。你这个禽兽不如的汉奸，我白文冠死了，也要扒了你的皮！"

敌人惊呆了，赶紧押着白文冠，撤兵而去。她转身对乡亲们大声喊道："告诉我儿子，狠狠打鬼子！"

马本斋是有名的孝子，闻讯后心焦如焚。这时，敌人送来劝降信，信上说："马本斋，你若是个孝子，就该为你那风烛残年的老母亲想想，你怎么能见死不救呢？"马本斋阅信后，肺都气炸了，但他很快识破这是敌人企图引他轻率出兵的阴谋。

支队郭政委了解马本斋，他望着这个血性汉子，深沉地说："司令员，不要难过。山本这一招，只不过是黔驴技穷罢了。古今中外兵戎交战中，使用这种卑劣手段的往往不得人心，失败最惨！"马本斋听后，频频点头。

战士们闻讯，都纷纷前来请战，要求前去营救马老太太。马本斋坚定、冷静地对大伙说："同志们，我的好兄弟！我娘被鬼子抓走，我心里比刀割还难受。可是，在这民族存亡的关头，还有什么比抗日大业更重要的呢？共产党人决不能被母子之情蒙住眼睛，上敌人的圈套。我母亲即使被鬼子杀害，也是为民族而死。她老人家虽死犹生，重如泰山！"

　　马本斋和回民支队始终没有轻举妄动。

　　自从被敌人关押后，白文冠就开始绝食。她不吃一口饭，不喝一口水。敌人多次摆上丰盛的饭菜、点心和水果，她全都不为所动。随后，日军伍长就将几天没吃饭的白文冠送到伪县长、汉奸孙蓉国家里，让人"开导"她，结果仍是一无所获。

　　敌人一计不成，又生一计。他们采取"以回治回"的办法，把白文冠送到回民佟万成家里，企图利用亲戚关系"规劝"白文冠给儿子写信，白文冠仍不为所动。白文冠已经绝食7天了！

　　这一天，日军山本队长亲自出马，带上叛徒哈少甫来到白文冠的住地。白文冠一见哈少甫，怒从心起，骂道："你这个畜生！出卖祖宗，出卖国家，你不配跟我说话，滚！"

　　哈少甫羞愧而退。山本见状，立即拔出手枪，往桌上一拍："马老太，你今天不写信，我就打死你！"

　　白文冠听后，冷笑一声，挣扎着坐靠在床上，指着自己的胸膛，坚定地说："来吧，朝这儿打！"在这位绝食7天、英勇不屈的中国母亲面前，山本狼狈不堪，恼羞成怒。他凶相毕露，以吼叫来掩饰他的失败。

　　白文冠怒视着山本，理了理白发，突然摘下手腕上的玉镯，奋力向山本砸去。突然，一阵猛咳，随后吐出两块血块，白文冠昏倒在地。

　　为了中华民族的尊严，为了儿子的革命事业，这位英雄母亲献出了自己的生命。

白文冠牺牲后，马本斋悲痛万分，挥泪赋诗，哀悼母亲：

> 宁为玉碎洁无瑕，烽火辉映丹心花。
> 贤母魂归浩气在，岂容日寇践中华！

1941年9月3日，白文冠从容就义，时年68岁。白文冠凛然殉国以后，八路军领导人联名致电冀中军民："冀中回民支队支队长马本斋同志的母亲被敌人俘去，在威胁利诱面前，决不屈服，而且严厉斥责敌人，终被折磨致死"，"中国人民有这样的母亲，不仅是中国人民的光荣，回族的光荣，中国妇女的光荣，而且是中华民族决不灭亡最具体的例证。"

失去母亲后，马本斋强忍悲愤，把对日本侵略者的深仇大恨都寄托于对敌人的战斗中。在1942年冀中五一反"扫荡"战斗中，回民支队战果显著，马本斋也被任命为冀鲁豫军区第二分区司令员。几年间，回民支队在党的领导下，进行大小战斗七八百次，歼灭日伪军达3万多人，被八路军冀中军区誉为"拖不垮、打不烂的铁军"。1944年2月7日，马本斋不幸病逝于冀鲁豫后方医院，终年43岁。

1985年，河间县为这对英雄的母子修建了墓地，并建了纪念堂，纪念他们母子在抗日战争中表现出来的崇高民族气节，以激励后人。

■故事感悟

在中国历史上有很多的英雄，也有很多的英雄母亲，比如，深明大义的岳飞之母，知书达理的孟子之母……现在还有宁死不屈的马本斋的母亲。她用鲜血和生命捍卫了民族的尊严，不仅给马本斋做了榜样，更给我们所有中国人做了榜样。她是我们心中永远的中国母亲！

回族抗日义勇军

1937年，卢沟桥事变爆发，日本全面侵华。马本斋积极响应党的号召，率领弟弟和几十名群众在家乡组织了"回民抗日义勇队"。不久，他们的行动便受到了孟庆山领导的"河北游击军"的支持，并很快扩充，改编为"河北游击军回民教导队"。

1938年5月，"河北游击军回民教导队"与冀中军区司令员吕正操领导的回民干部教导队合并，成为回民干部教导部队，总队长为马本斋。

1938年9月，马本斋所率领的这支部队在河间整编时，扩大到了六七百人。10月，他光荣地加入了中国共产党。马本斋在自己的入党志愿书上写道："我决心为回回民族的解放奋斗到底，而回回民族的解放只有在共产党的正确领导下才能实现。"

"死也要抗日"

聂大省（1895—1979），河北晋县永丰村人，出生佃农家庭。4岁丧父，由外祖母抚养。12岁当童养媳，15岁成亲。1938年秋，聂大省把大儿子孙庆友送到县大队当通讯员，她在村里当了妇救会主任。她带领妇女做军鞋、织军布，慰劳军队，组织妇女上识字班，站岗放哨，盘查行人，参加借粮和减息斗争，同年加入中国共产党，担任党支部委员。1944年，大省担任村党支部书记，同年11月，在军分区群英会上被授予"六分区子弟兵的母亲"的光荣称号。1945年出席了晋察冀边区第二届群英会。1951年，出席全国第一次劳动模范会议并参加了国庆观礼。1958年被选为河北省政协委员。1979年1月31日因病逝世，享年83岁。

1937年秋冬，日军占领了聂大省的家乡。1938年，她参加村妇救会工作，不久被选为村妇救会主任。聂大省不仅自己积极抗战，还动员全家人也参加抗战。

1938年冬天，聂大省与丈夫都加入了中国共产党，聂大省还担任村党支部委员。她还把大儿子孙庆友送到县大队当通讯员，二儿子孙双振送到抗日前线，让小儿子和女儿在村里站岗放哨。

参加了抗日工作后，聂大省的思想觉悟提高得很快，工作更加积极主动，浑身有使不完的劲儿。她组织妇女上识字班，让她们了解抗日救国的道理。有的妇女受封建习俗影响，不愿走出家门东奔西跑，她就挨个做思想工作，最后把全村的妇女都发动起来了。

在村里，聂大省领着妇女们做军鞋、织军布、站岗放哨、掩护伤员、送情报以及挖沟铺路等，使得只有百余户人家的东小留庄抗战工作非常活跃。

抗战期间，聂大省救护过不少伤员。她对伤员就像对自己的亲人一样，给伤员喂水、喂饭、熬药、喂药、端屎、接尿、洗衣、做饭等，许多伤员痊愈后又奔赴战场。1941夏天，区小队小张右手臂被打断住在她家，她为小张请医抓药；小张身上长了虱子，她给洗身子、洗衣服；她让小张吃粮食，自己和孩子吃掺糠、菜叶和榆树叶的饼子。小张伤愈归队时，流着眼泪叫她"娘"。

1942年，一位叫夏光的干部患了很重的疟疾，被送到她家，她也想方设法找药为他治疗。经过她的精心护理，这位干部7天就痊愈归队了。县里一位妇女干部因长期钻地道，浑身长了疥疮，她每天用干草火为她烤，还找来药给她搓身，直到她痊愈。

在日军占领的地区，斗争环境非常残酷，聂大省家便成了党的秘密联络站。地区和县，主力部队和县大队、区小队，部队和政府之间的联系都通过她家，每天夜间交通员你来我往。在漫长的岁月里，无论刮风下雨，她总是不辞辛苦、不顾自己休息，热心地接待他们。她家差不多每天都有人来，夜里人就更多了。刚送走这个，那个又来了；刚把门关好，又有人来叫门了；刚刚躺下，房后又有人敲墙。有一天夜里，她整整起来17次，因此，人们叫她家为"抗日店"。

为了保证联系的安全可靠，整个抗战期间，聂大省仅有两个晚上没有在家住，那还是县委怕敌人报复，命令她转移出去的。可回家时，她发现了前来联络的同志留下的记号，就自责起来，担心同志出事。后来，无论斗争多么残酷，情况多么严峻，聂大省始终坚守在家里。

不管抗日干部还是战士，一到她家就觉得安全可靠，因为她和孩子们日夜为他们轮流站岗，探听动静，察看敌情。白天小儿子在村口放羊，有情况就摆手；长女在门口纺线，看到弟弟摆手便赶忙掩藏干部和伤病员，从来没有出过差错。

在情况需要时，她还让小儿子装作拾粪、割草的样子，为部队和区政府送信。

一次，县大队要集合区小队营救干部，可没人送信，她天不亮就叫儿子把信送出去，使营救任务顺利完成。一次，县大队要端掉敌人一个岗楼，需要区政府配合，于是她亲自把信送去，使部队顺利地端了敌人的岗楼，还缴获了30多条枪。

还有一次，有两个特务来村里敲诈勒索，她立即报告给驻郭家庄的区小队，将他们抓获。

1942年5月1日，日军对冀中抗日根据地进行拉网式的大"扫荡"，实行惨无人道的"烧光、杀光、抢光"的"三光"政策。为了保证县、区干部和游击队战士在东小留庄过往或留住的安全，聂大省首先在自己家里挖了地道，洞口藏在炕席下，一直通到后院。

之后，她又动员邻居和部分抗日群众都在自家挖了地道，多次掩护县区干部和八路军官兵躲过敌人的搜捕。从此，聂大省家成了抗日坚固的堡垒户，东小留庄也成为抗日堡垒村。

一天晚上，县委书记郭梦钧住在聂大省家。第二天清晨，外面突然传来狗叫声，聂大省预感到有情况，急忙起来，装作倒尿盆到外面察看。刚一拉开门，就发现对面房顶上站着两个伪军。她不由得一愣，随即冷静下来。

房上的伪军看到聂大省从屋里出来，就粗声粗气地喊道："老婆子，你们村保长在哪儿？老子渴得很，你快让他给我们弄点开水喝。"

聂大省故意提高嗓门说："行，行，我去给你们找保长。"说着便朝门外走。

刚一出门，恰巧碰见村长（公开身份是保长）老信正朝这边走来。聂大省向老信使了个眼色，大声说道："保长，这几个老总渴了，你快给他们弄筐梨吃吧。"

房上的伪军听说有梨吃，赶忙下来跟着老信走了。聂大省赶忙转身回到家里，以最快的速度安排郭书记藏进了地道，躲过了敌人的搜捕。

1943年，她把16岁的二儿子送到区小队。在她的带动和影响下，仅有百余户的东小留庄抗战期间就有80多名青年参加了八路军。她是抗日军属，可从未享受过特殊照顾，但她非常关心其他抗日军属，常去看望他们。谁家有病人，她就主动帮着请医生；谁家地无人种，她就安排好代耕，使前线的战士无后顾之忧。

聂大省积极抗日的行动引起了敌人的注意，敌人一方面派密探监视她的行动，另一方面通过保长传话，威胁她如再和八路军通气就杀掉她全家。有人好心劝她："庆友他娘，别和八路军来往了，若叫城里（指日伪军）知道了可就没命了。"

她说："是共产党、八路军救了我们一家，我不能忘恩，我不怕，反正我是豁出去了，死也得抗日！"

1943年9月，大儿子孙庆友不幸被捕，汉奸们对她说："不要愁，只要庆友给城里做事，就保住命了！"

聂大省气愤地说："办不到。我的儿子要是投降了，就当我三个儿子只有两个！"

她去狱中送衣服时悄声对庆友说："不要急，外边给你办着呢。你给他们做了事，我就不要你了！"

1944年春，庆友出狱后又参加了八路军。

1944年，聂大省任村党支部书记。10月，东小留庄推选拥军模范时，全村159名群众参选，有158票选的是聂大省。只有一票不是她，因为那是她选别人的。

1944年11月20日，冀中六地委、专署和军分区召开英模代表大会。会上，聂大省在全场雷鸣般的掌声中走上主席台并讲话，她的事迹感动了许多人。

在这次大会上，聂大省被授予"子弟兵的母亲"的光荣称号。同年12月，她又光荣地出席了晋察冀边区第二届群英大会。

■故事感悟

在民族危亡的时刻，中华民族广大群众团结起来共同抵制日寇的侵略，不顾个人安危，舍小家为大家。这种义气是真正的大义，这种勇气是真正的大勇，而聂大省则是千千万万抗日英雄中的一个缩影。正是有了他们，才有了抗日战争的最后胜利！

■文苑拾萃

八路军

八路军是中国人民解放军的前身之一。1937年8月22日，根据第二次国共合作的有关协议，中国共产党的武装中国工农红军处于陕北的主力部队由国民政府改编。9月12日，国民革命军第八路军的番号已改为"国民革命军第十八集团军"。

实际控制者中国共产党将这支部队称为"八路军"。日本防卫厅战史室的《华北治安战》和《支那事变陆军作战》中描述该部队为共产军、八路军、红军，我们多称为八路军。

巾帼豪杰茅丽瑛

茅丽瑛（1910—1939），浙江杭州人。中共党员。出生于穷苦家庭。6岁时丧父，和母亲相依为命。母亲在上海启秀女中当勤杂工，茅丽瑛在启秀女中半工半读，课余兼幼稚园教师，各科成绩优秀。1931年毕业后，考入苏州东吴大学法律系，只读半年就因付不起学费而辍学。1931年考入上海海关工作，当英文打字员。1935年参加上海中国职业妇女会，翌年，加入中国共产党领导的抗日救亡组织——海关乐文社。

1939年12月12日下午6时整，抗日义卖会刚刚散场，上海职业妇女俱乐部主席茅丽瑛带着会员们清理会场，清点当日的款项，又准备好了第二天的义卖品。忙到晚上7点左右，茅丽瑛才从福利公司二楼左侧的楼梯上走下来。像这样紧张劳累的工作茅丽瑛已经习以为常了。

突然，3颗罪恶的子弹从不同角度射向了茅丽瑛，她被击中倒地，但她仍然紧紧抱着装有会员名册的手提包，直到后面的女伴们赶到，立即把她送进了仁济医院。

经过检查，她身中三枪，但都未中要害，其中两颗子弹打中腿部与膝盖，另一颗子弹穿过小肠。医生立即给她手术，切除了一节小肠。

但是，敌人暗杀用的手枪子弹是经过特殊加工的。这种子弹专门使用了铅头，还在上面划了一个"十"字，弹头又在大蒜汁里浸泡过。这种特殊加工过的弹头杀伤力极强，因为预先划过的弹头非常容易爆炸，而大蒜汁与铅加热后会产生化学反应，有很强的毒性。如果被这种毒弹击中，即使没有命中要害也很难活命。

在仁济医院抢救时，敌人还一直对院方施加压力，迫使院方不敢对茅丽瑛实施全面手术和护理。茅丽瑛虽然接受了手术，但身体状况仍是每况愈下。手术后第三天，茅丽瑛感觉自己已经时日不多了，她积攒好最后一点儿气力，对一位护士（中共党员）说："告诉妈妈（指党组织），我死了不要为我悲伤，我是时刻准备牺牲的！希望大家要继续工作，加倍地努力！"

1939年12月15日下午2时10分，茅丽瑛不幸在医院牺牲，年仅29岁。

茅丽瑛是怎样的人？是谁暗杀了她，并且如此恶毒地非要置她于死地？

1910年8月4日，浙江省杭州市一个贫民家庭里传来一阵啼哭声，一个漂亮的女婴出生了，她就是茅丽瑛。

不幸的是，茅丽瑛刚刚6岁时父亲就去世了。母亲和茅丽瑛兄妹相依为命，后来三人流落到上海谋生。

1918年，在亲戚的帮助下，母亲在上海启秀女中当勤杂工，茅丽瑛也进入启秀女中附设幼稚园、小学学习。

此后，茅丽瑛又在启秀女中半工半读。她倍加珍惜这来之不易的学习机会，发愤学习，各科成绩都很优秀，还学会了一口流利的英语。

1930年，茅丽瑛从启秀女中毕业后，考取了苏州东吴大学法律系，但因无力缴纳高昂的学费，只读了一个学期就被迫辍学了。1931年3月，她又考入海关，任秘书课英文打字员，开始接触进步思想。

"九·一八"事变后，日本侵占中国东北三省，抗日救亡的呼声振动着茅丽瑛的心灵。激于民族义愤，在每月领到薪金时，她总要捐钱给东北抗日义勇军。

1936年9月，中国共产党江海关支部秘密成立，茅丽瑛加入了中国共产党领导的抗日救亡团体——海关乐文社，这是一个华籍职员以文会友的进步团体。

茅丽瑛和其他积极分子参加半公开的读书会，学习《大众哲学》《政治经济学》等通俗的马克思主义读物，研讨时事和社会问题。很快，茅丽瑛就成为党领导的抗日救亡运动的积极分子。面对山河破碎和民族危难，茅丽瑛忧心如焚，踊跃参加募捐，积极援助前线抗日将士。

1937年8月13日，日军大举进攻上海，茅丽瑛热血沸腾，自愿担任海关华员战时服务团慰劳组组长，积极投身到中国共产党领导的抗日救亡斗争中。她白天上班，晚上搞战时服务工作，冒着炮火的危险参加慰问伤员、救济难民等活动，奔走了3个月。她还与基督教女青年会的会员合作，借允中女校作为中国职业妇女会的会址，组织慰问伤员与救济难民的工作。

国民党军被迫撤退，上海租界沦为孤岛，她说服多病的母亲，毅然决定参加海关华人组织的救亡长征团，奔赴华南、广州等地宣传抗日，发动更多的人投入到抗日救亡运动中来。

1938年春天，茅丽瑛因母亲病情加重返回上海，受聘于母校启秀女中，任英语教师。她一边在学校任教，一边继续从事抗日救亡工作。

1938年5月，以发动职业妇女投入抗日为宗旨的上海中国职业妇女俱乐部（简称"职妇"）在南京路120号二楼成立，茅丽瑛当选为主席。

同月，她加入了中国共产党，后又任支部委员。

茅丽瑛为人热情、诚恳、乐于助人，自称是"大众的牛"。她夜以继日地拼命工作，一心扎在"职妇"工作上，把"职妇"办得生气勃勃。

母亲临终时，她还在为募捐奔走，以至于最后一面也没见上。母亲去世后，一向孝顺的茅丽瑛悲痛难抑，她扑在母亲的遗体上悲哀地哭道："妈妈，请宽恕我吧！我没来得及侍候您的病，也没来得及给您送终，但女儿是为了祖国，为了人民的利益，您一定能够原谅我的。"

为支援浴血奋战的新四军，筹募战士寒衣，并为难民筹集救济金，茅丽瑛积极推动"职妇"和各救亡团体合作，在春节期间发起劝募寒衣联合大公演和组织物品慈善义卖会，并被推荐为筹备义卖组组长。

1939年6月7日，"职妇"借"大陆电台"举办平剧大会唱，以推销义卖券和征募义卖品，这一举动引起了日伪特务机关的注意。

播音开始后不久，"职妇"和电台都收到了附有一颗子弹的匿名恐吓信，信中扬言"立即停止播音，否则将于你们不利"。茅丽瑛毫不畏惧，她拿着子弹，沉着而果断地说："继续广播。"

茅丽瑛对会员们说："为义卖而生，为义卖而死。"评剧大会唱照计划进行。连续三天的电台宣传，在群众中产生了强烈的反响。之后"职妇"又组织了一次粤剧大会唱。两次大会唱，推销了大批义卖券，征集了大批义卖品。

日伪特务见威胁达不到目的，就转而策划破坏义卖会。许多单位都接到特务的恐吓信，不敢提供会场，茅丽瑛最后决定就以南京路"职妇"会所在的福利公司二楼为义卖会场。她和会员们彻夜布置，义卖会终于在7月14日如期开幕，日伪反动当局对此十分恐慌。

15日下午，日伪特工总部指使多名暴徒去会场捣乱，恐吓会员，践踏义卖品。茅丽瑛和会员们奋起还击，当场将冲进会场行凶的其中两名暴徒抓住。

赶走暴徒后，茅丽瑛又带领会员们整理好会场，继续营业，直至胜利闭幕。茅丽瑛还专门去巡捕房揭露了暴徒的罪恶行径，他们理屈词穷，不得不供认系受日伪特务派遣，从而暴露了他们的真面目。

义卖会的成功使日伪反动当局对上海中国职业妇女俱乐部、对茅丽瑛的仇视进一步加深，将其视为眼中钉、肉中刺，更称茅丽瑛为"第二史良之中共激烈分子"。

茅丽瑛牺牲后，上海地下党组织为了揭露日伪反动当局的阴谋，也为了激发人们的爱国热情，以茅宅的名义在上海各大报纸刊登了报丧启事。上海胶州路万国殡仪馆里哀乐悲鸣，人们络绎不绝地前来吊唁烈士，瞻仰烈士的遗容。

1939年12月17日，上海各界爱国人士追悼茅丽瑛的公祭仪式在这里隆重举行，人们为中国妇女界失去这样一位可亲可敬的杰出代表和坚定战士而悲痛不已。中共江苏省委和八路军、新四军驻上海办事处都派出代表参加公祭仪式，妇女界的杰出领袖何香凝女士也特派专人由香港前来上海致祭。这是继鲁迅逝世以后，在上海举行的规模最大的公祭仪式。《申报》为此记载："其情绪之哀伤，为鲁迅先生逝世后所未有。"

■故事感悟

人们并没有被日伪反动当局卑鄙无耻的野蛮暗杀所吓倒。他们继承了茅丽瑛的遗志，"继续工作，加倍地努力"，更加坚定不移地与日伪反动势力进行不懈的斗争。直至今日，茅丽瑛的勇敢和坚强依然激励着我们后代人奋发图强！

抗日小英雄王二小

王二小（1929—1942），广为人知的少年抗日英雄。河北省涞源县人。

"牛儿还在山坡吃草，放牛的却不知哪儿去了，不是他贪玩耍丢了牛，那放牛的孩子王二小……"听着这优美而熟悉的旋律，让我们回想起了抗日小英雄王二小的动人故事。

抗日战争时期，有一位名字叫王二小的儿童团员，是个放牛娃。

有一天，他一边在山坡上放牛，一边给八路军站岗放哨。太阳快要落山了，王二小甩着鞭子正准备赶着牛下山回家，忽然看见远处一队日本鬼子进山来"扫荡"了。日本鬼子有好几十人，正向王二小居住的村庄走来。

日本鬼子要去的村庄正是八路军后方机关的所在地，那里还有不少的乡亲们。万一日本鬼子摸进去，不仅八路军的后方机关会遭受重大损失，连乡亲们也将在劫难逃，可跑回去报告已经来不及了。

王二小忽然想起来，之前为了粉碎日本鬼子的这次"扫荡"，保护后方机关和乡亲们，已将20多名伤员和粮食转移到山里去了，八路军部队就埋伏在山谷的两侧。王二小冷静地想了想：如果把日本鬼子引进我们的埋伏圈，让八路军打他们个措手不及多好啊！

这时，正在山谷里瞎撞的日本鬼子看见了王二小，就喜出望外地问道："小孩！你的……什么的干活？"

王二小答道："俺是放牛的！"

鬼子又问道："小孩……八路的……在哪里？"

王二小说："俺不知道，俺还要放牛呢。"说完就要走。

鬼子一把抓住他："你的……不要怕。说出来……八路在哪儿……大大地奖赏你。"

王二小半天不吭声，鬼子厉声地吼道："小孩……不带路……就死拉死拉的！"

王二小一看，心想八路军的队伍在崖口两边的山头上埋伏着，这一带的地形我又熟悉，如果把日本鬼子带进……

想到这儿，王二小就装作听话的样子说："太君，俺想起来了。晌午的时候，有不少八路军开到那边去啦！"

这样，王二小就领着日本鬼子往前走，故意在山里绕圈，一会儿下山坡，一会儿上山冈，把鬼子累得气喘吁吁，筋疲力尽。

狡猾的日本鬼子起了疑心，一名鬼子的小头头拔出刺刀威胁王二小。

王二小心里很镇定，却装出害怕的样子，对鬼子说，那边有条路，穿过去就能找到八路。鬼子说他撒谎。王二小说那就算了，反正他也不想去。鬼子相信了王二小，就又跟着他走了。

日本鬼子哪里知道这是一条死路，翻过巨石就到了路的尽头，一挂瀑布从山崖上落下。王二小带着鬼子走到这里，四下里却出奇得安静，没有一点儿风吹草动。王二小心中着急起来，眼看着鬼子全部进了八路军的伏击圈，八路军要是再不打就来不及了。

其实，他们一进山谷八路军就发现了日本鬼子，而且也明白了王二小的用意。八路军却左右为难，怕伤着王二小，不知怎么下手。这时候，王二小冲着两旁的山头高喊了起来："八路军叔叔，我把鬼子引进来了，你们快开枪狠狠地打呀……"

日本鬼子毫无防备，一下子傻了眼，直到这时才知道怎么回事。王二小想趁敌人惊魂未定的时候向灌木林跑去，然而气急败坏的鬼子却用刺刀猛刺王二小的胸膛，又把王二小挑在枪尖，摔在大石头上，鲜血立即染红了大石头。

此时，山谷里响起了军号声、枪炮声，八路军冲下山来，打得敌人鬼哭狼嚎，乱作一团。不到一袋烟的工夫，就把这些敌人全部消灭了。而放牛娃王二小为了保护八路军和乡亲们的安全，英勇地牺牲了，年仅13岁。

□ 故事感悟

一个13岁的少年，一个放牛娃，没有过多的人生阅历，没有渊博的文化知识，但他却做出了很多成年人、很多学问渊博的人都做不出来的事情。可能在他心里，只想着不能让老百姓受伤害，也可能只是因为对日本鬼子的仇恨。不管是什么，这个小小少年在刺刀面前做出了最英勇的抉择。

□ 史海撷英

王二小牺牲后

抗日小英雄王二小牺牲后，当地军民将他埋葬在刘家庄的山坡上。

王二小的英雄事迹很快就传遍了抗日根据地的每一个村庄，感动着每一位乡亲。当时，河北省涞源县青救会的干部张士奎听到这个消息后，马上报告给了边区青救会，《晋察冀日报》在第一版就报道了王二小的英雄事迹。

词作家方冰和曲作家劫夫在听说这一事件后，根据《晋察冀日报》上的这篇报道，创作了歌曲《歌唱二小放牛郎》。几十年过去了，人们至今还在传唱着这首歌曲，它感染和激励着一代又一代的青少年。

为了纪念小英雄王二小，中国青少年基金会还在王二小的家乡河北省涞源县上庄村建设了"王二小希望小学"。延安时期参加革命的老作家陈模还创作了革命传统纪实小说《少年英雄王二小》。

民族气节小模范温三郁

温三郁，河北省武强县前西代村人，现居兰州。1943年，年仅12岁的温三郁为保守游击队的秘密，双手被鬼子砍掉5个手指，被人们誉为"断指小英雄"。在晋察冀边区第二届群英大会上，温三郁被授予"气节模范第一名"称号，并获银质奖章。这枚奖章至今仍珍藏在中国人民革命军事博物馆里。

温三郁，才十三，

民族气节小模范。

五个手指全砍掉，

三郁还是不吐言……

这是一段快板词，写的是抗日战争时期冀中平原少年温三郁的英雄事迹。

1944年12月，晋察冀边区隆重召开第二届群英大会，来自各地的战斗英雄和劳动模范欢聚一堂，交流他们的宝贵经验，汇报他们的战斗成果。会上，一位13岁的少年登台讲话，他首先举起自己的双手，请大家看。

大家看到，他的右手缺了两个手指头，左手缺了3个手指头。

他自豪地说："我叫温三郁，家在河北省武强县前西代村。因为我没有说出藏着八路军的洞口，敌人就把我的5个手指头砍掉了。"

他话音刚落，会场里立刻响起了雷鸣般的掌声。当他讲完详细的经过后，大会授予他一枚闪亮的银质奖章，称他为保持民族气节的小模范。

那时候，抗日战争已经进入最艰苦的阶段，日本鬼子动用大批兵力，在冀中平原的8000个村庄、约6万平方千米的地区进行"扫荡"，到处杀人放火，实行惨无人道的"烧光、杀光、抢光"的"三光"政策。为了保存实力，准备长期战斗，前西代村的八路军主力转移了，只留下了民兵、游击队在敌人的眼皮底下坚持斗争。

温三郁全家都参加了抗日工作，爸爸做地方抗日工作，哥哥是游击队员，他是儿童团员，因此，他的家便成了游击队和来往干部的活动据点。为了安全，他的家里挖了地道，洞口就设在后院，用木板盖着，木板上再遮上土，并在上面栽上了青菜苗，谁也看不出来。地道的洞口是绝对保密的，因为村里也有汉奸，弄不好就会被敌人知道了。三郁是个小孩，不用钻地道。鬼子一来，大人们钻进地道，他负责盖洞口。

1943年1月26日，抗日游击队的一个区小队住在三郁家。第二天，天刚蒙蒙亮，村外就响起了激烈的枪声——鬼子来了。

鬼子来了200多人，把村子围住了，非抓住区小队不可。情况很突然，没有兄弟部队的配合，区小队硬往外冲不是好办法，于是决定暂时钻进地道隐蔽起来。这时，三郁还没睡醒，爸爸把他推起来，说："快，快跟我去盖洞口！"

三郁揉揉眼睛说："区小队的叔叔呢？"

"都下去了，情况紧急！"

三郁一骨碌爬起来，边跑边穿衣裳，很快来到后院的地道洞口。

游击队员都进去了，爸爸也进去了。三郁听见枪声越响越激烈，急忙盖好洞口，收拾好现场，又悄悄地溜回屋里。

鬼子进村了，听得见他们在"哇啦哇啦"地叫。

三郁和妈妈坐在炕上，默默地等待着。

五挺机枪架在三郁家的大门外，一部分鬼子冲进屋里来了。

"看见游击队的没有？"一个鬼子问。

母子俩只是摇头。

敌人开始搜查了。他们翻箱倒柜，挖墙掘地，也没有发现地道口在什么地方。

另一个鬼子笑了，命令母子俩离开土炕，便动手扒炕、捣灶。他以为地道的洞口在炕上呢，忙了半天，还是白搭工。

鬼子一看没办法了，就恶狠狠地用刺刀对着三郁的妈妈喝道："八路的哪里有？洞口什么地方的有？"

三郁的妈妈冷冷地看了鬼子一眼，说："没见过八路，没见过地道！"

不管鬼子怎样威胁，怎样大喊大叫，妈妈还是不说。

鬼子气得发疯了，举起洋刀朝妈妈的脸上砍去。顿时，妈妈脸上鲜血直流，晕倒在地上。

三郁瞪圆了眼睛，想跟鬼子拼命，可是不行，两个鬼子紧紧地架着他。他用中国话骂鬼子，可是鬼子听不懂，还拿出一把糖果来，让他说出洞口的位置。

一个鬼子的翻译走过来说："小孩，你说吧，说出来皇军就不打你了。"

三郁白了他一眼，说："不知道！"

"皇军知道你家有洞口，快说吧，不说他们就用刺刀挑你了。"

三郁看看鬼子的刺刀，心想：挑了我，不过死一个；要是把洞口说出来，叔叔们得死，爸爸也得死，那得牺牲多少人呐！我才不上当呢！于是，他提高了嗓门喊："不知道！"

鬼子恼羞成怒，一刀刺在三郁的胳膊上。刺一刀，问一声，一连刺了4刀，勇敢坚强的小三郁一连回答了4个"不知道"。

鲜血顺着衣裳袖子淌了下来，三郁咬着牙，忍着疼，就是不开口。

与此同时，另一部分鬼子把全村的人赶到一个空场上，逼他们说出洞口。如果不说，就"统统枪毙"。乡亲们互相挽着手，怒视着敌人，谁也不开口。不料，有个叛徒跑过来说："我知道，有一个洞口在三郁家的后院……"

这一下坏了，鬼子全都奔三郁家来了。

三郁家的鬼子听说地道口就在后院，就命令三郁带路。三郁不干，一个鬼子说："你的良心坏了坏了！"

三郁脖子一挺，回答："我的良心一点儿也没坏，中国儿童不当汉奸！"

鬼子气坏了，拔出洋刀朝他头上劈去。

三郁一看躲不开了，就用两手去护头。结果，洋刀砍在他的手上，一下砍掉了5个手指头。

鬼子还想砍三郁，这时后院里响起了枪声。原来，躲在地道里的游击队员一下子都冲出来了。

游击队员们一阵猛打，几个鬼子倒在地上不动了。接着，敌我双方展开了激战。

最后，鬼子怕其他村庄里的游击队赶过来支援，打了一阵就狼狈地逃了。

■故事感悟

英勇的温三郁和乡亲们一起，以不怕牺牲的精神掩护了游击队，在敌人的刺刀和枪口面前保持了高尚的民族气节。温三郁勇斗日寇的大无畏精神是我们广大青少年学习的榜样。直到今天，晋察冀边区授予温三郁的那枚银质奖章还被保存在国家博物馆，闪烁着灼灼的光辉，照耀并激励着我们每一代人！

■史海撷英

华北日军的"三光"政策

在抗日战争进入相持阶段之后，日军对我华北地区根据地进行了疯狂的扫荡。

日军对华北地区的扫荡最早是从晋察冀边区开始的。1938年9月20日，日军纠集5万兵力，分8路围攻北岳区的五台地区。1939年，日军又发动了春季大扫荡，深入繁峙、涞源等地区。

1939年9月，日军再次发动秋季大扫荡，深入北岳区的中心地区。不久后，日军又集中2万兵力，对北岳区发动冬季大扫荡。仅北岳区的崞县，从1938年9月到1939年6月，就有4万多名群众被日军残杀。

在晋冀鲁豫边区，日军的扫荡也非常激烈。1938年12月，3万多日军进犯冀南区，被我军民粉碎。1939年7月至9月，日军又纠集数万兵力对太行区实施围攻，致使武乡、榆社县城被烧成灰烬，仅武乡一县就有1500人被杀害。1939年春、冬两季，日军又两次合击冀南。1940年，八路军发动"百团大战"后，日军又调集万余兵力对太行山区进行扫荡，在此制造了累累暴行。

从1938年底到1940年止，日军在华北解放区发动的千人以上大规模扫荡就多达109次，根据地人民的生命财产遭受了严重的损失。

伪满洲国

1931年，九·一八事变后，日本侵略者利用前清废帝爱新觉罗·溥仪在东北建立的一个傀儡政权，称为伪满洲国。通过这一傀儡政权，日本在中国东北实行了14年之久的殖民统治，使东北同胞饱受了亡国奴的痛苦滋味。

此傀儡政权"领土"包括现辽宁、吉林和黑龙江三省全境，内蒙古东部及河北北部。当时中国南京国民政府不承认这一政权，国际上以日本为首的法西斯等国家或政府承认伪满洲国，国际联盟主张中国东北地区仍是中国的一部分，中国政府从未承认这一分裂中国领土恶劣行径的傀儡政权。

死不泄密的少年英雄王朴

王朴（1929—1943），也作王璞，乳名兰贵。出生于河北省完县野场村一户贫苦农民的家庭。1943年在抗日斗争中牺牲，年仅14岁。

　　1937年"七七事变"爆发后，战火就烧到了王朴的家乡太行山。日本侵略者烧杀抢掠的暴行，激起了王朴幼小心灵里的民族仇恨。11岁时，他被大家推选为儿童团团长，带领村里的孩子们为八路军站岗放哨，做些力所能及的抗战工作。

　　1943年春天，抗日战争进入了第六个年头。根据地的军民在党的领导下英勇奋斗，经过千辛万苦，已经望见了胜利的曙光。

　　此时，日本帝国主义越是临近死亡，越要拼命挣扎，也就越加凶残。日军又要到野场村"扫荡"了，八路军为了保存实力，有的转移进深山，有的转移到外线。全村老少都动员起来，将八路军留下的枪支、弹药、被服、粮食等物资全部坚壁起来，村周围和山口要道也全部设了警戒哨。

　　王朴和儿童团员们一边张贴着《抗日公约》，一边大声念道："我们是抗日儿童团团员，誓同日本帝国主义斗争到底，坚决做到：不上鬼子学，不念鬼子书；不吃鬼子糖，不上鬼子当；不向鬼子说实话，不给鬼子带路；不暴露八路军，不说出村干部。"

王朴和少年儿童团员们每天都要爬上石匣岭站岗放哨，严密监视鬼子的动静，保护好坚壁的枪支弹药，预防鬼子偷袭。

5月1日，鬼子纠集了7000余人的兵力疯狂地扑向村里，可是乡亲们已转移，村子里空空荡荡的。鬼子找人，看不见人影；抢东西，又不知道哪里有。满街都张贴着"彻底粉碎日寇扫荡""夺取抗战最后胜利"的标语，气得鬼子嗷嗷直叫。

鬼子"扫荡"了6天，凡是能藏身的沟沟洞洞都被鬼子反复搜查了几遍，只有野场村东北的桃树沟，鬼子还没有去过。桃树沟夹在大肚梁和小肚梁之间，上面就是马脖岭，地势险要。

5月7日早上，鬼子在汉奸的带领下向老百姓藏身的桃树沟发动了大"扫荡"，搜出了藏在这里的村民。他们当中大部分是老人、妇女和儿童，其中也包括王朴一家。

鬼子将他们集合在一块半亩大的地里，架着三挺机枪，对准了手无寸铁的乡亲们。

站在机枪旁边的翻译官大声地喊道："老乡们，太君说啦，八路军的枪支、子弹、粮食藏在哪里，你们是知道的。谁要是说出来，就重重有赏。"

人们用仇视的目光怒视着敌人，问了好几次，都没有人答理。

"不说，我们就开枪了！"嗒嗒嗒……鬼子的机枪响了，然而枪是朝天打的。

王朴的热血在沸腾。死算什么，中国人民是不怕死的。"怎么样，再不说可真要开枪了！"翻译官又吼叫起来。

几个鬼子闯进人群，一把抓住王朴的衣襟问："你叫王朴？你是儿童团团长？"

王朴把头一扬，鼻子里轻蔑地"哼"了一声。鬼子用枪托，猛地朝王朴打去。王朴摇晃了一下，咬着牙挺住了。

鬼子又把刺刀架在王朴的脖子上，威逼他说出八路军兵工厂的枪支和弹药藏在哪里。王朴勇敢地推开鬼子的刺刀，大声说："宁为抗战死，不做亡国奴！"

"对，我们誓死不当亡国奴！"村民们一起高呼。

嗒嗒嗒……鬼子的机枪又响了，子弹在人们的头上擦过，把对面山坡上的石头打得噼啪乱飞。

王朴毫不畏惧，挺胸站在最前面，挥动着手臂，带领在场的20多名儿童团员高呼："我们不能忘记五不誓约，我们是抗日儿童团团员，誓同日本帝国主义斗争到底……"

鬼子狂叫："统统的八路！"

就在这生死关头，王朴昂着头，高举起铁锤般的小拳头，用尽全身的力气喊："头可断，血可流，秘密不可泄露！"凶残的日本鬼子终于向在场的村民们开了枪。

1943年5月7日，118名无辜百姓（其中包括王朴、王朴的母亲、弟弟和奶奶）壮烈牺牲了。他们为了打倒日本帝国主义，为了新中国的诞生，献出了自己宝贵的生命。

1943年6月5日，《晋察冀日报》头版刊登了题为《野场惨案中王三群同志满门忠烈》一文，并附有完县县政府令。

文中这样写道：王朴（该村儿童团团长）和张竹子不但平时抗日工作积极，并且在石沟惨案中领导群众对敌斗争，英勇刚毅壮烈殉国，高度地发扬了民族气节。张竹子和王朴是妇女儿童界的模范……全县干部民众应向他们学习，继承发扬他们的光荣，争取抗战的最后胜利，以慰张竹子和王朴之英灵。本府谨赠以"模范家庭"之荣称，称王朴同志为"完县的民族小英雄"。

1964年，中共完县县委、县政府、县人民团体，在完县烈士陵园建立了抗日小英雄王朴纪念碑。

■故事感悟

王朴在石沟惨案中英勇抗敌，凭借一腔热血为八路军守住了秘密，英勇刚毅壮烈殉国，高度发扬了民族气节。王朴敢于斗争、不怕牺牲的精神，是我们广大青少年学习的楷模。

■史海撷英

地雷战的兴起

地雷战的兴起与发展有一定的客观必然性。

抗日战争爆发后，立刻就成为全民族的战争。在这场战争当中，不但军队要参与，民兵也是全民族抗战中的一支重要力量。但是，当时民兵的武器装备都相当差，几乎没什么像样的枪支。怎样来对付敌人呢？容易制造的地雷很快就成为民兵打击日本鬼子的主要武器。而且，地雷本身还具有较强的杀伤力。在这种条件下，地雷的研制和大规模使用也就成了顺理成章的事。

第三篇

敢叫日月换新天

蔺相如勇斗秦王

蔺相如（公元前329—前259），战国时赵国大臣，官至上卿，赵国宦官头目缪贤的家臣，战国时期的政治家。根据《史记·廉颇蔺相如列传》所载，他的生平最重要的事迹有完璧归赵、渑池之会这两个。

战国时代的某一年，秦昭王约赵惠文王到渑池会盟。

赵王知道秦王不怀好意，心里有些疑虑，于是召集众臣商议，他的两个最得力的臣子廉颇和蔺相如一致主张赵王应该前去。他们说："大王如果不去，会让秦国讥笑我们胆小，也显得我们国势衰弱。这样一来，秦国不仅会更加轻视我们，还可能随时出兵侵犯赵国。"

赵王听他们说得有理，就勉强答应了。

几天后，蔺相如随从赵王出发，廉颇一路护送他们到了边境。廉颇对赵王说："按照行程计算，大王30天之内就能回来。如果30天后您还不回来，恐怕就是遭到不测了，到时我就出兵救援。"

到了渑池后，秦王命人大摆酒宴，庆祝两国的会盟。

酒至半酣，秦王带着几分醉意，忽然转过脸对赵王说："听说赵王弹得一手好瑟，能否请你弹奏一曲，给大家助助兴呢？"

赵王见秦王盛气凌人，不敢不从，只好拿起瑟弹奏起来。

演奏结束了，秦王大声叫好，随即给旁边的御史使了个眼色。御史心领神会，马上提笔记录道："某年某月某日，赵王在渑池为秦王弹瑟。"

这不是明摆着欺负人吗？赵王又羞又恼，可又不敢发作，脸上红一阵，白一阵，十分尴尬。

一旁的蔺相如看到秦王竟敢如此羞辱赵王，内心十分激愤。他想了想，然后拿起面前的一个瓦盆，走到秦王面前说："赵王听说秦王擅长演奏秦国的乐曲，我这里有个瓦盆，请秦王敲个曲子给赵王听听吧！"

秦王恼火地看了他一眼，装作没听见，端起酒杯继续喝酒。

蔺相如当然不会善罢甘休，他手捧瓦盆，跪着呈给秦王。秦王气得扭过头去，仍然不加理会。

蔺相如发怒了，他举起瓦盆，向前逼近几步，厉声说道："大王，请您看清楚，在五步以内，我就可以把鲜血溅到您的身上。"

秦王看到蔺相如高举瓦盆怒目圆睁，一下子慌了神。心想，这瓦盆要是砸下来，我的脑袋可就开花了。

秦王的侍卫们急忙抽出刀剑冲上来，想要杀蔺相如。蔺相如猛喝一声，把瓦盆举得更高了。侍卫们被他威严的气势所震慑，一时都呆住了。加上他们看到秦王的性命握在蔺相如的手里，都不敢轻举妄动，纷纷退了回去。

秦王看看四周，知道自己没有退路，只好不情愿地拿起筷子，在瓦盆上敲了一下。

蔺相如立刻命令赵国的御史记录道："某年某月某日，秦王在渑池为赵王敲瓦盆助兴。"

秦国的大臣们见秦王没有占到便宜，就又想出了歪主意。他们齐声高喊："请赵王奉献15座城池，为秦王祝寿。"

蔺相如不甘示弱，马上回击道："请秦王献都城咸阳，为赵王祝寿。"就这样一来一往，秦国始终占不到一点儿便宜。

秦王越想越气，按捺不住想发作。这时，有密探来报说：赵国的大将廉颇已经在边界上驻扎了大军。秦王知道赵国已有防备，只得作罢。

就这样，双方又重新入席，签订了盟约。之后，蔺相如随赵王安全地返回了赵国。

■故事感悟

"舍得一身剐，敢把皇帝拉下马"，这句话用在蔺相如身上再合适不过了。他凭借着过人的胆识和不怕死的勇气逼秦王就范，保住了国家和君王的尊严。蔺相如的智谋和胆识堪称大智大勇！

■史海撷英

赵惠文王定赵国

赵惠文王继位时，因年幼而由相国肥义辅政。赵惠文王四年（公元前295年），安阳君赵章勾结大臣田不礼起兵反赵惠文王，杀死肥义，但赵章叛乱未成，兵败后逃到赵武灵王（即主父）所居的沙丘宫。公子成和李兑派兵包围了沙丘宫，杀了叛乱的安阳君赵章和大臣田不礼。

赵惠文王随后下令，以主父窝藏反贼的罪名围困沙丘宫达三月之久，并断绝宫里的粮食和饮水的供应，最终饿死了赵武灵王（主父）。

此次平叛后，李兑因有功而被封为相，开始了与公子成长期专断国政。公元前292年，赵惠文王在南行唐筑城。公元前288年左右，魏昭王在强大秦国的进攻下，将葛孽（今河北肥乡县西南）、阴成两地献给赵惠文王为"养邑"，希望能联赵抗秦。

同年，赵国派董叔联合魏军攻打宋国。第二年，赵国与燕、韩、魏、齐等国联兵攻打秦国，迫使秦废除帝号，并使秦将先前夺取的王公、符等归还赵国。

公元前285年左右，赵国又与秦、燕、韩、魏等国联合举兵讨伐齐国，赵惠文王还将相国印授予燕国的大将乐毅。五国联合破齐后，赵、燕军仍继续联合攻齐。秦国却早将大军调回，去攻打三晋。其中赵国的蔺（今山西离石区西）、祁（今山西祁县东南）两城被秦将白起攻占。齐国衰败后，七国中除秦以外，比较强大的国家是赵国。

赵惠文王十六年（公元前283年），廉颇率军伐齐，长驱直入齐境内，攻取了阳晋（今山东郓城县西），赵国随之居六国之首。廉颇班师回朝后，被赵惠文王拜为上卿（相当于宰相级别）。此后，廉颇率军征战，几乎百战百胜，其名声威震列国。

秦国一心想向东面扩大势力，而赵国是最大的障碍。为了扫除赵国，秦王曾多次派兵进攻赵国。赵国大将军廉颇统领赵军屡败秦军，秦国虽虎视赵国但不敢贸然进攻，正是慑于廉颇的威力。

赵惠文王二十年（公元前279年），廉颇再次率军攻打齐国，大败齐军。赵惠文王二十二年（公元前277年），赵国再次伐齐，攻陷九城。次年，廉颇率军攻打魏国，攻陷了防陵（今河南安阳南20里）、安阳城（今河南安阳西南43里）。赵国更加强盛，成为东方诸侯阻挡秦国东进的屏障。

□ 文苑拾萃

蔺公之墓

关于蔺相如陵墓的地址，历史上一直都是众说纷纭，然而清康熙年间的《临潼县志》中记载："相如墓在马崖道上。"据此，清代著名考古学家、陕西巡抚毕沅为之树碑："赵大夫蔺相如之墓。"

自古以来，关中一带一直都流传着蔺相如尸葬临潼的传神故事。相传，蔺相如在"完璧归赵"后，赵王便以蔺相如出使强秦而不辱使命，封其为上大夫。"渑池之会"后，蔺相如又被拜为上卿，位在廉颇之上。

后来，秦国出兵攻打赵国，赵王以太子部作为秦国的人质。赵王可怜太子是孤儿，便派蔺相如侍奉太子。蔺相如对太子说："骊山乃下绝胜。"民谚云："要吃粮，有个面张岭；要吃油，有个泷河川；要用钱，还有大小二金山。此外，有个上天梯，上到天下还嫌低……"

太子听罢，欣然前往赵国。蔺相如偕太子游览骊山，不料太子在那里得疾病死了。蔺相如也因此而获罪，被处于极刑，割头挖心，葬于骊山戏水之滨。赵太子的尸体也埋在骊山的阴坡，名为"赵太子墓"，当地人称其为"龙骨堆"，至今犹存。

蔺氏的家族也因为太子死去这件事而受到株连。为了逃避这场灾难，蔺字去头，挖心（"佳"），改姓为门，祖祖辈辈居住在墓之西北，名门家村。至今，门家村人仍然尊蔺相如为其祖先，每年都会为其扫墓。

"让我替你死"

春申君（生年不详，卒于公元前238），名黄歇。战国时期楚国人。楚考烈王时期官至楚国令尹（楚国官制，相当于战国时代其他诸侯国的丞相），是战国时代著名的政治家。和平原君赵胜、孟尝君田文、信陵君魏无忌合称为"战国四公子"。

战国时期，信陵君魏无忌、春申君黄歇、孟尝君田文、平原君赵胜，都因德才过人而闻名于世，有"战国四公子"之称。

其中，春申君黄歇是四公子中唯一非王室出身的人，但他辅佐楚考烈王长达25年，政绩卓著，可见他有许多过人的才能。下面这个小故事，就很能反映出黄歇的智勇双全。

那时楚考烈王还是太子，黄歇陪他在秦国充当人质。在秦国待了几年后，太子的父亲楚顷襄王得了重病，生命垂危。得知这个消息后，黄歇立刻敏锐地判断出这是一个请求秦国放太子回楚国的绝好机会。

于是，黄歇私下里找到了秦国的丞相范雎，对他说："现在楚王病危，恐怕将不久于人世。依我所见，秦国现在最好是赶紧送太子回楚国，让他成为楚王，这样太子肯定会感激秦国，与秦国结为友好同盟。

倘若不放他回去，他留在这里就跟平头百姓一样，没有任何价值。而楚国另立的新君则未必肯听秦国的话，这样秦国会无端地多一个对手，有什么好处呢？"

范雎被黄歇的话打动了，就去报告了秦王，但是秦王考虑得比较多。他下令让太子的师傅先回楚国去探个究竟，等他回来后再做决定。

黄歇知道这样一来就会坐失良机，他秘密地给太子出主意说："秦王硬把你留下来，是想捞更多的好处。可是万一这期间楚王有什么不测，你就不能继承王位，那时你留在这里将毫无价值，你的处境将会十分危险。"

太子听了，着急地问："那我该怎么办呢？"

黄歇说："现在只有一个办法。你乘师傅回国之机，乔装成他的仆人，逃出秦国。我留在这里，无论出什么事都由我来担着。"

太子一听，紧紧地拉着黄歇的手说："这样太危险了，一旦秦王发现我跑了，他会要了你的命。"

黄歇坚定地说："如果真是这样，就让我替你死吧。"

等太子走了以后，黄歇就去向秦王自首。他神色从容地说："我国的太子违背大王的旨意，已经回国了，罪该万死，就让我替他死吧。"

果然，秦王听了勃然大怒，要处死他。

范雎是个明白事理的人，他急忙在一边为黄歇求情说："黄歇舍己救主，是忠臣啊。太子回去后如果被立为楚王，肯定会重用黄歇的。不如放他回去，向楚王表示我们友好的诚意，这样对我们秦国很有好处。"秦王听范雎说得有理，就赦免了黄歇。

太子回去不久，楚顷襄王就死了。太子即位后果然重用黄歇，任命他为丞相，封他为春申君。

■故事感悟

黄歇不但有过人的智谋，还有异于常人的胆识。正因为他有慷慨赴死的决心，成就了楚考烈王，也为自己谋得了锦绣前程。黄歇的智勇双全和战国四公子的威名流传千古，至今仍让我们敬仰！

■史海撷英

春申君辅国持权

楚考烈王元年（公元前262年），黄歇被楚考烈王任命为楚国令尹，封为春申君，并赏赐淮北12县的封地。15年后，由于与齐国相临的淮北常发战事，黄歇请求楚考烈王把封地换到江东，楚考烈王应允。

公元前260年，赵孝成王在与秦国的长平之战中，中了秦国的反间计，用只会"纸上谈兵"的赵括取代老将廉颇，导致赵国大败，40多万兵士被秦军坑杀。

公元前257年，秦军包围赵国都城邯郸，赵国危急。赵国丞相平原君赵胜到楚国请求救援，楚考烈王即派春申君领兵援赵。同时，魏国也派信陵君魏无忌救赵。楚、魏、赵三国联合一举击溃秦国，解除了邯郸之围。

公元前256年，楚考烈王派黄歇北征伐鲁。次年，黄歇大胜灭掉鲁国，并任命荀况为兰陵（今山东苍山）县令。黄歇通过援赵灭鲁这两件事，在诸侯中威望大增，也使楚国重新兴盛强大。

春申君黄歇在对外征战的同时，对内和齐国的孟尝君、赵国的平原君、魏国的信陵君竞相招引门客，最多时黄歇曾有门客3000多人，其数量在"战国四公子"中居于首位。但黄歇的门客多逞强好斗，奢侈浮华。

有一次，平原君派门客拜访春申君。平原君的门客想向楚国夸耀赵国的富有，特意在头上佩戴了玳瑁簪子，并亮出装饰着珍珠宝玉的剑鞘前去拜见春申君。而春申君的上等门客们都穿着宝珠做的鞋子，更加炫富，使平原君的门客自惭形秽。

公元前256年，秦灭西周。同年，寄居在西周国的周赧王死，作为天子之国的周朝就此结束。公元前249年，秦庄襄王即位，任命吕不韦为丞相，继而又灭掉东周国。

公元前242年，各诸侯国担心秦国会逐步吞并中原其他国家，于是订立盟约，联合起来共同伐秦，推举楚考烈王担任六国盟约的首脑，让春申君黄歇主事。于是，六国组成联军，黄歇任命庞暖为联军主帅。六国联军一度攻打到函谷关（今河南灵宝境内），令秦国倾全国兵力出关应战，六国联军战败。

楚考烈王把作战失利的罪责归于春申君，从此开始冷落黄歇。

■文苑拾萃

春申君

（唐）杜牧

烈士思酬国士恩，春申谁与快冤魂？
三千宾客总珠履，欲使何人杀李园？

关云长刮骨疗毒

关羽（160—220），字云长，本字长生。河东解县人（今山西省运城市）。约生于东汉桓帝延熹年间。东汉末年三国时期刘备势力的重要将领。关羽最为特殊之处，就是备受中华文化历代推崇。由于其忠诚和勇武的形象，多次被后代帝王褒封，直至"武帝"，故也被称为关圣帝君、关帝君、关帝等。儒教奉为五文昌之一，又尊为"文衡圣帝"；道教奉为"协天大帝""翊汉天尊"；中国佛教界奉其为护法神之一，称为"伽蓝菩萨"。民间由于《三国演义》等传统作品的影响，普遍认为关羽与刘备、张飞是结义兄弟。关羽排行第二，故又俗称其为关公、关二爷、关二哥、关老爷。直至现当代的某些社会群体与场合中，仍然经常出现祭拜关羽的情况。

三国时期，蜀国大将关羽率兵攻打樊城，被曹兵一箭射中右臂，翻身落马。部将急忙上前，将关羽救回营中。当将士们从他臂上拔出箭头一看，原来是只毒箭。说话间，右臂已青肿起来。众将见关羽伤势严重，只好四处求医。

正在危急之时，忽然有一人从江东驾小船来到军寨，自称是沛国华佗，听说关羽将军是天下英雄，现中了毒箭，特来给他治疗。

众将喜出望外，连忙带华佗来到军帐，拜见关羽。

这时，关羽正在和马良对弈。华佗察看了他的伤势后，说道："将军被毒箭所伤，现箭毒已透入臂骨。如不早早治疗，只怕这只胳膊难以保住。"

"先生用何法治疗？"关羽忙问。

"我有一法，只是怕将军害怕。"

关羽一听，仰天大笑："我一生戎马倥偬，出生入死，把死都不当一回事，哪有害怕的道理？请先生只管治疗。"

华佗见关羽果然英雄气概，忙说："既然将军不怕，请在安静的地方栽上一根柱子，柱子上钉上一个铁环。我要把您的胳膊穿在环中，先用绳捆住。再用被子蒙上您的头，用尖刀划开皮肉，露出骨头。然后，用锋利的尖刀刮去骨头上的箭毒，敷上药，缝上口，才能慢慢愈合。只怕疼痛难忍，将军受不了这个痛苦。"

不料关羽听后，哈哈大笑说："这是小手术，哪里还用栽柱子、绑铁环，先生只管刮骨，不用担心我有什么忍受不住。"

说着，便命令部下设宴款待华佗。

酒过数杯之后，关羽一边继续和马良下棋，一边伸出右臂，让华佗割肉露骨。华佗见状，忙取了一把尖刀，对关羽说："我要下手了，请将军不必害怕。"

"任凭先生治疗！"关羽笑道。

华佗用刀割开皮肉，关羽谈笑自若；露出白骨，关羽从容镇定；直到华佗手持利刀，将关羽臂骨刮得"嚓嚓"作响。军帐中的将士都大气不敢喘一口，有的人甚至捂上眼睛，不敢再看下去。关羽仍悠然地一边饮酒吃肉，一边说笑下棋，全无一点害怕之色和痛苦之状。

不大一会儿，华佗刮尽骨上的箭毒，敷上药物，用线缝合了伤口，才对关羽说："将军，治疗完了！"

关羽这时才大笑着站起来，对华佗朗声说道："片刻之间，这右臂已伸舒自如，我并没有感到什么痛苦，先生真是神医啊！"

华佗见状，满腹感慨，忙说："我一生行医，治过千万个伤员，但从未见过将军这样勇敢的人。"

在场的众将士看到关羽这样勇敢，华佗的医术这样高明，无不兴高采烈，欢欣鼓舞。

后来，有人赞颂关云长刮骨疗毒的勇敢和神医华佗医术的高超，写下两句诗道：

神威罕见唯关将，圣手能医说华佗。

■故事感悟

传说中的关羽刮骨疗伤尽显英雄气概，饮酒弈棋，若无其事，真乃大丈夫！有时当我们面临苦难，甚至觉得坚持不下去时，不妨想一想关羽刮骨疗伤的故事。

■史海撷英

关羽统领荆州

三国时期，荆州地区包括南阳、南郡、江夏、武陵、长沙、桂阳、零陵等7个郡，是曹操、刘备和孙权三方必争的战略要地。

赤壁之战后，曹操占据着南阳和南郡的北部，孙权占有着江夏郡和南郡的南部。"借荆州"，其实就是孙权将自己占据的南郡南部借给刘备。

刘备得到益州的第二年（215年），孙权就派诸葛瑾到刘备处，提出把荆州南部的几个郡归还东吴，但被刘备托辞拒绝了。于是，孙权又派了一批官吏接收长沙、零陵、桂阳3个郡。关羽驻守在这三个地方，坚决不让对方接收，将孙权派来的官吏全部轰走。

孙权一怒之下，便派吕蒙率领两万兵马用武力去接收这3个郡。吕蒙率军夺得了长沙、桂阳两郡后，刘备忙亲率5万大军下公安，并派关羽带3万兵马到益阳去夺回长沙、桂阳二郡。

孙权亲自来到陆口，派鲁肃带领一万兵马安扎在益阳与关羽相据。这样一来，东吴的军队和关羽的军队均在益阳安营扎寨，彼此展开了对峙。

■文苑拾萃

关帝庙

关帝庙又称武庙、武圣庙、文衡庙、协天宫、恩主公庙等，是祭祀三国时期著名将领关羽的祠庙。而关帝之称，则来自明朝皇帝授予关羽的"关圣帝君"封号。

关羽为中国神明、圣贤中拥有最多祠庙的一位。关帝庙不仅遍布汉族地区及新疆、西藏、内蒙古等少数民族地区，在台湾、朝鲜半岛、日本等国家也有供奉。

让御史下跪

于谦（1398—1457），字廷益，号节庵，谥忠肃。杭州府钱塘县（今浙江省杭州市）人。明朝兵部尚书。进士出身，因参与平定汉王朱高煦谋反有功，被明宣宗器用，担任明朝山西河南巡抚。明英宗时期，因得罪王振下狱，后被释放，起用为兵部侍郎。"土木堡之变"后，于谦继任兵部尚书，指挥明军取得京师保卫战胜利。官至少保、太子太傅，世称于少保。英宗发动夺门之变后，于谦因被诬陷下狱而冤死，成化年间平反。于谦与岳飞、张煌言并称"西湖三杰"。

永乐十四年（1416年）的一个下午，浙江钱塘（今杭州）吴山三茅观里像往常一样书声琅琅，每间书房里的学生都在专心诵读。

突然，大门外传来一声粗野的喊叫声："御史大人到——"随着这声喊，一顶八抬大轿停在了书院门口。轿帘打开，一个又高又胖的老头从里面钻了出来。他就是皇上派来的御史，今天特意到书院来巡视。

教书的先生们都慌忙从各自的书房里迎出来，恭请御史大人入内视察，御史大人昂首挺胸地在众人的簇拥下一路向前。每进一间书房，里面的学生都会停止读书，谦卑地迎接御史大人。

当御史一行人来到李先生的书房时，里面的学生也纷纷停下来，几个胆子比较小的见到这阵势吓得连头都不敢抬，可有一个学生却像什么都没看见似的，目不斜视地照样捧着书在读。

御史大人的脸色一下子就沉了下来，他挥挥手，示意手下的人打断这个学生的读书声。这个学生抬起头，镇定地看着御史大人，并没有像其他人那样起身行礼。

御史大人心里十分恼火，但又不便发作，怕失了身份，于是他强压怒火，说："你读得很好啊。不过，我还想听听你讲得怎么样。现在，就请你到案前来讲书，而且——"

说到这里，御史大人加重了语气，一字一顿地说："我要你跪着讲！"

在场的人都看得出来，这是御史大人在借机惩罚这个学生刚才对他的怠慢，可谁也不敢说什么。一旁的李先生在心里暗叫糟糕，怎么偏偏是他呢？

这个学生就是于谦。他聪明好学，一向深受先生们的器重，但他性格耿直、不畏权贵也是人所共知的。今天，偏偏是他得罪了御史大人。虽说御史大人是故意以势压人，但好汉不吃眼前亏啊。

李先生偷偷向于谦使眼色，让他不要意气用事，先忍一忍，把眼前的局面应付过去再说。

可于谦并不理会先生的示意，他站起来，沉稳地走到讲案前，先礼貌地向御史大人行了个礼，然后高声说："大人让我跪着讲书可以，但我要请大人跪在案前听讲！"

大家都愣住了，书房里一片寂静。御史大人的脸色涨得像猪肝一样，他拿起一把戒尺，"啪"的一声，狠狠地将它折成两节，怒吼道："放肆！小小年纪，竟如此无礼！"旁边的人都禁不住哆嗦了一下。

于谦咬了咬嘴唇，脸上露出不屈的神色。他镇定地说："大人，我要讲的是太祖高皇帝的大诰。为了表示对高皇帝的尊敬，我想在场的各位都得跪下听吧？"

说完，于谦就跪下，开始讲起书来。陪同的那些大小官员相互看看，谁也不敢不跪，都依次跪到地上。御史大人知道自己被于谦捉弄了，可事已至此，他也只好暂时收起威严。只见他扭动着肥胖的身子，不情愿地跪了下去。

于谦心里暗暗发笑，他不露声色地继续讲下去，原先还不可一世的御史大人只好在案前乖乖地跪着，一直听于谦讲完。

后来，于谦让御史下跪的事情传了出去，人们纷纷称赞于谦不畏权势、正直刚强的品质。

■ 故事感悟

于谦小小年纪就能不畏权势、正直刚强，面对大官而不退缩，反而凭借着自己的智慧和勇气让御史下跪。于谦勇敢机智和正直刚强的品质是他有所作为的重要原因。

■ 史海撷英

民族英雄于谦

于谦12岁时，有个和尚惊奇于他的相貌，说："这是将来救世的宰相。"永乐十九年（1421年），于谦中进士，曾任监察御史，河南、山西巡抚。明正统十四年（1449年）土木之变后，于谦升兵部尚书，拥立景帝，抗击瓦剌南侵，捍卫京师。

宣德元年（1426年），汉王朱高煦在乐安州起兵谋叛，于谦跟随宣宗朱瞻基亲征，被授御史，之后官至兵部侍郎。

正统十四年（1449年）秋，瓦剌也先大举侵犯明朝边疆，宦官王振提议英宗亲征。八月，英宗在"土木堡之变"中被瓦剌俘虏，京师上下震动。皇弟郕王朱祁钰代理监国，将于谦提升为兵部尚书，全权负责筹划京师防御。

当时，朝廷中一些人主张向南迁都以避敌，于谦驳斥了各种投降的论调，提出"社稷为重，君为轻"，坚持保卫北京，继续抗敌。九月，郕王即帝位，即明代宗。十月，也先挟持英宗破紫荆关，威胁京师，于谦亲自督战，分遣诸将列阵于九门迎敌，击毙也先弟孛罗及平章卯那孩，取得了京师保卫战的胜利。

景泰元年（1450年），瓦剌也先请求议和，同意归还英宗。八月，明朝接回英宗，安置于南宫，称其为上皇。当时，闽浙等地有叶宗留、邓茂七叛乱，广东有黄萧养的叛乱，以及湖广、广西、贵州等地均有少数民族的作乱，这些均被于谦指挥平定。

■文苑拾萃

于谦墓

于谦墓位于浙江省杭州市西湖区三台山麓。

景泰八年（1457年），明英宗复位后，于谦被奸人陷害，以"欲谋逆罪"罪名被处死，其子也被充军，其妻被发戍山海关。次年（1458年），于谦遗骨被迎回杭州，葬于西湖三台山麓。

成化二年（1466年），其子于冕获赦，上疏为父平反，明宪宗亲自审理为于谦昭雪。弘治二年（1489年），明孝宗表彰于谦为国效忠的功绩，赐谥"肃愍"，并在墓旁建旌功祠，设春秋二祭，形成祠墓合一格局，并赠特进光禄大夫、柱国、太傅。万历年间，明神宗改其谥号"忠肃"。

原墓坐西朝东，呈马蹄形，有七座坟，墓侧建有"旌功祠"一座，又名于谦祠。南北宽 23 米，进深 30 米，墓道长 90 米，墓区占地面积 4618.21 平方米。

1966 年，于谦墓区被毁。1982 年重建，将原七座坟茔改为一座。墓高 2 米，青砖环砌，重刻墓碑。墓前立有"大明少保兼兵部尚书赠太傅谥忠肃于公墓"石碑一方，墓前的祭台和香炉均为明代遗物。

1998 年，为纪念于谦诞生 600 周年，墓道两侧配置了仿明式石翁仲、石兽及牌坊，修复于谦祠，建成于谦墓景区，恢复了于谦祠牌坊和甬道。现于谦墓已成为浙江省省级文物保护单位。

鲁国少年英勇退齐兵

汪奇（生卒年不详），春秋时鲁国人。

春秋时期，东方齐国势强而鲁国相对兵力弱小，常受强齐欺凌。有一年，齐军攻入鲁国境内。

战斗一开始，鲁国的平民百姓们就纷纷出城，为自己国家的将士们助威，但鲁军的节节败退使百姓们非常失落，不得不四散逃命。

在观战的百姓中，有一个叫公为的读书人，领着一个10多岁的小书童汪奇。当他看到齐军打得鲁军难以招架的时候，十分着急。

公为长叹一声，对汪奇说："我虽是一介儒生，没打过一次仗，但现在国家需要我，我就要上战场与敌人拼命，否则，我就太没骨气了。孩子，你赶快回家吧，你爹娘还等着你呢！"

"不，我不回家。"汪奇坚定地说道，"您不是说国都灭亡了，哪里还有家？我虽然小，但也是鲁国人，也要为保护国家出力。我要和您一起上阵杀敌，我不怕死！"于是，身体单薄的小书童架着一辆大战车，一手牵动缰绳，驾驭战马，一手握住长剑，向敌军冲去。

见此情景，鲁国人民备受鼓舞，全民皆兵，怒吼着向齐军杀去。一些扔掉刀枪、抱着脑袋正准备往回跑的士兵，也捡起丢在地上的武器，重新整理好盔甲，大喊着"杀啊——"，再一次冲回战场，与齐军展开搏斗。

战场上，一支箭射过来正中汪奇的马腹，战马倒下了。又有两支箭射过来，汪奇终于倒在了战场上。小汪奇没有哭，更没有喊爹叫娘，而是睁着眼睛倒在地上，他要亲眼看到鲁国的胜利。

鲁国的将士们同仇敌忾，他们用尽浑身解数，终于把齐军打得落花流水。城外的老百姓一拥而上，与鲁军一起把敌人赶出了国界。弱小的鲁国在历史上首次战胜了强大的齐国。

汪奇闭上了双眼，平静地死去了。鲁国为汪奇举行了隆重的葬礼，许多百姓和鲁国将士赶来参加，大家都交口称赞这位伟大的小英雄。

■故事感悟

在国家危亡时刻是不能退缩的，亡国奴是没有家的。故事中的鲁国少年汪奇年纪虽轻，但深明大义，他用自己的勇气和生命感动了周围的人，众志成城，终于打退了敌人，保住了自己的国家。他的这种勇气是真正的大义、大勇！

■史海撷英

鲁国始末

在历史记载中，鲁国共有两个，一个是夏商时期存在的鲁国，史称西鲁；另一个是西周至战国时期的鲁国，史称东鲁。

西鲁历史悠久，在夏商时期便已经存在了，它可能属于夏商时期的一个重要方国。在《左传·昭公二十九年》中记载，曾经为夏孔甲饲养龙鱼的刘累，为了躲避孔甲，最后搬到鲁山县定居。《逸周书·殷祝解》中，也说夏桀曾徙于鲁。在商代的甲骨文中，也有卜问"鲁受年"之类的卜辞。

东鲁是我国周朝时期的一个姬姓诸侯国。西周初年，周武王去世后，周公便辅佐天子周成王。不久，周公发兵东征，打败了伙同武庚叛乱的殷商旧属国，然后分封周公的长子伯禽在其中的奄国故土建立鲁国。此后，鲁国先后传25世，36位君主，历时800年左右。首都在曲阜，疆域在泰山以南，大概在今山东省南部，兼涉河南、江苏、安徽三省的小部分地区。鲁国也是孔子的出生地。

公元前323年，鲁景公去世后，鲁平公即位，此时正是韩、魏、赵、燕、中山五国相王之年。鲁顷公二年（公元前278年），秦国破楚国首都郢，楚顷王东迁至陈。顷公十九年（公元前261年），楚国讨伐鲁国，取徐州。顷公二十四年（公元前256年），鲁国为楚考烈王所灭，迁顷公于下邑，封鲁君于莒。后七年（公元前249年）鲁顷公死于柯（今山东东阿县）。鲁国至此绝祀。

■ 文苑拾萃

礼乐之国

在周代的众多邦国中，鲁国是姬姓的"宗邦"，也是诸侯的"望国"，因此"周之最亲莫如鲁，而鲁所宜翼戴者莫如周"。

据此，鲁国也成为典型周礼的保存者和实施者，世人都称"周礼尽在鲁矣"。各国的诸侯要了解周礼，也都纷纷到鲁国去学习，鲁国也成为当时有名的礼仪之邦。

鲁国与周礼的这种密切关系，使鲁国形成了谦逊礼让的淳朴民风，同时也让鲁国国势的发展受到了很大的影响。

在春秋时期，鲁国实际上已经是一个积弱之国了，其主盟不如齐、晋强大，地势不如秦、楚强大，然而，滕、薛、曹、邾、杞等国皆勤赞，修朝礼；即使是远在方域之外的谷、邓等国，也不惮仆仆，来到鲁国朝拜。这些小国之所以亲近鲁国，都是因为鲁国乃周礼的所在之国。

李泌单骑抚陕虢

李泌（722—789），字长源。唐朝宰相。赵郡中山（今属河北省定县一带）人。远祖李弼，父李承休官吴房县令，娶汝南周氏为妻，聚书两万余卷，并告诫子孙不得卖书。李泌幼居长安，7岁能文，张九龄奇之。玄宗诏令供奉东宫，写诗讽刺杨国忠，有"青青东门柳，岁晏复憔悴"之句，后隐居颍阳。肃宗时，参预军国大议，拜银青光禄大夫，后隐居衡山（今湖南省）。代宗时，召为翰林学士，不久因得罪权臣元载，被代宗外放为杭州刺史以避祸。德宗时，元载失势，复召回朝廷并授散骑常侍。贞元中，拜中书侍郎平章事，封邺县侯。李泌以虚诞自任，辅佐四朝天子，"服饵过当，暴成狂躁之疾，以至弃代"。

唐朝后期，陕虢都知兵马使达奚抱晖一心想做节度使（总揽一区军、民、财政），竟趁节度使张劝重病卧床之时，以探病为由，毒死了他。

随后，达奚抱晖向皇帝上奏章，要求朝廷封他为节度使。为确保万无一失，他秘密勾结朔方大将达奚小俊做军事后盾，并串通了75位将领，准备一旦不能如愿，就立即发动兵变。

然而，达奚抱晖的如意算盘打得为时过早。他毒死张劝的一幕恰好被张家老管家看见，老管家不忍心主人蒙冤而死，便将此事告诉了张劝的部下杨将军。杨将军乃正义之士，立即上书朝廷，将达奚抱晖的阴谋大白于天下。

当朝皇帝唐德宗得知此事后，立即召集文武百官商议对策。大家议论纷纷，有人主战，有人主和，意见根本无法统一。

这时，60多岁的老臣李泌站了出来，竟然说："达奚抱晖谋反一事或许只是传闻，并非确有其事，一定是有人对达奚抱晖有怨气，故意谣言惑众！"

唐德宗看着李泌，不禁暗想："李泌一向明事知礼，今日怎么说出这种话？难道另有隐情？"

当晚，李泌秘密求见唐德宗。

原来，李泌料想文武百官中一定有达奚抱晖的奸细。为了不打草惊蛇，他便故意说谋反纯属谣言。李泌主动要求单枪匹马深入虎穴。

唐德宗犹豫很久，最终决定答应李泌的请命，封他为陕虢都防御使，并将参与策划叛乱的75人名单交给了他。

李泌让唐德宗对外宣称：陕虢镇（治今河南陕县西南）闹灾荒，朝廷派遣李泌把江淮一带的粮食运去救济。同时，李泌又给达奚抱晖写了一封信，说："只要你愿意，我请你任大将军。如果立了功，就封你为节度使。"

果然，此举进一步消除了达奚抱晖的猜疑，使他对李泌放松了警惕。但是部下林滔却提醒他："我们要当心，李泌此来定有大批人马随行，说不定会有神策军！'救济灾荒'？醉翁之意不在酒啊！"

达奚抱晖犹豫了一下，决定在城门外设下3万伏兵，等待李泌和神策军的到来。

第二天一大早，达奚抱晖带着将士们如临大敌似的站立在城门口。出人意料的是，李泌确实是单枪匹马而来，这下达奚抱晖彻底地放心了。但林滔又建议，在李泌身边安插一人——账房先生，暗中监视他的行踪。

　　李泌早就料到达奚抱晖会派人监视，于是将计就计，每天只是查看仓库账本，清理粮食储备。达奚抱晖知道后，得意忘形地说："我可以放心大胆地干了，真是天助我也！"

　　此时，杨将军满腔热忱地找到李泌，想报告达奚抱晖的谋反阴谋。谁知李泌当头棒喝："你如果是想说达奚抱晖过错的话，还是不要说了，我不想听！"

　　杨将军只好失望而归，大骂李泌是个昏庸的老头。达奚抱晖想借李泌之手除掉杨将军，于是吩咐账房先生在李泌耳旁挑拨：杨将军大骂你昏庸无能……

　　果然，李泌暴跳如雷，直奔杨府，一把揪住杨将军，大声说："你才是真正想谋反的人！"边说边拉着杨将军直奔书房，扬言要寻找证据，并让账房先生立即把达奚抱晖叫来。

　　账房先生一走，李泌立即放开杨将军，说："实不相瞒，我此来乃是为擒拿达奚抱晖等叛贼，但因证据不足，怕打草惊蛇才一直不露声色。"

　　杨将军这才恍然大悟，拿出一宗文卷交给李泌。李泌大喜过望，原来这正是他需要的证据！李泌严肃地说："铁证如山，这下可以行动了！杨将军，立即调遣你的卫兵在门口埋伏，我们要好好迎接达奚抱晖！"

　　不一会儿，自以为奸计得逞的达奚抱晖策马飞驰而来，但他万万没有想到，自己一进门就被捆绑起来。铁证如山，达奚抱晖只好束手就擒。然而出人意料的是，李泌竟然秘密地将他放了，只将林滔等75人缉捕进京。

金銮殿上，当唐德宗要下令处死叛贼时，李泌又恳请从轻发落。原来他认为：安史之乱后，天下动荡，人心惶恐，朝廷对军队应以安抚为上策。若对达奚抱晖等人从轻惩处，必使朝廷恩威大告于天下。最后，唐德宗下令：驱逐达奚抱晖至关外，永不得入关；林滔等主谋流放边疆；其他人不再追究。

■故事感悟

李泌单枪匹马深入虎穴，搜集证据，设计擒拿了达奚抱晖等叛贼，这是需要智谋和极大勇气的，而李泌做到了。从故事中不难看出，李泌有一颗勇敢、以天下为己任的雄心，老当益壮，值得后人敬仰！

■史海撷英

李泌以谦退处世

以谦退的态度处世，是道家和儒家所共同提倡的。《尚书·大禹谟》："满招损，谦受益。"《老子》六十七章说："江海所以能为百谷王者，以其善下之。"四十四章也说："知足不辱，知止不殆。"李泌深知这一点。

《新唐书·李泌传》记载：德宗要授予他集贤殿、崇文馆大学士的头衔，而李泌坚决要求去掉"大"字，只要"学士"头衔。后来被授予"大学士"头衔的人也多引李泌为例，不敢称"大"。

在金钱方面，李泌更是如此。动乱时期，朝廷赏赐百官的物品"皆三损二"，后来稍稍安定，"帝使还旧封。于是李晟、马燧、浑瑊各食实封，悉让送泌，泌不纳"（《新唐书·李泌传》）。李泌能够在名利面前保持着一种谦让态度，这是他处世态度的又一表现。

有关李泌的谦退态度，时人也已看出，《资治通鉴》卷二百三十二记载："上谓泌曰：'卿昔在灵武，已应为此官，卿自退让。'"可见，李泌的"退让"态度给当时的君臣留下了极深的印象。

□ 文苑拾萃

长歌行

（唐）李泌

天覆吾，地载吾，天地生吾有意无。

不然绝粒升天衢，不然鸣珂游帝都。

焉能不贵复不去，空作昂藏一丈夫。

一丈夫兮一丈夫，千生气志是良图。

请君看取百年事，业就扁舟泛五湖。

李光弼勇守河阳

　　李光弼（708—764），唐代营州柳城（今辽宁省朝阳市）人，契丹族人。李光弼之父李楷洛原是契丹酋长，武则天时内附唐朝。李楷洛死后，李光弼袭爵，是肃宗时期的著名将领。天宝十五年（756年），郭子仪上表推荐李光弼担任河东节度使，出井陉（河北井陉），与史思明于常山（河北正定县）相持40余日。4月，郭子仪兵至常山，联手大破史思明。乾元元年（758年），李光弼代郭子仪为朔方节度使。唐肃宗上元元年（760年），封太尉、中书令。乾元二年（759年）升天下兵马副元帅，率军进击安庆绪，被史思明击败，退守河阳（今河南孟县西）。上元二年（761年），鱼朝恩请皇帝下诏光弼攻洛阳，李光弼被迫进军，战于北邙（今河南洛阳北）。仓皇之间，唐军大败，李光弼退守闻喜。宦官程元振、鱼朝恩等素与李光弼不睦，光弼晚年为宦官所谗，病死徐州。终年57岁。谥武穆。

　　乾元二年（759年），唐王朝为了及早收复河南、河北，派郭子仪等9位节度使率各路兵马并进，围攻邺城，结果被史思明打败。官军节节败退，史思明乘胜向西攻打郑州。

几年来，在郭子仪、李光弼等将领的共同努力下，朝廷曾经收复了河南的广大地区，这一下潼关以西的战略要地又要丢失殆尽。官军应该在哪里设第二道防线，成了决定战争胜败的关键性问题。

李光弼带着军队退到了洛阳，他对洛阳留守韦陟说："贼人乘胜而来，洛阳这座孤城已经守不住了，你们认为如何？"

韦陟说："既然洛阳已经不可守，那么我们不如退守潼关，那里地势险要，可以凭借险阻挫掉史思明的锐气。"

李光弼说："两军相对的时候，贵在进取，最忌后退。现在我们无故放弃500里土地，敌人的势力将更加强大，不如把军队转移到河阳，北面与泽、潞相连接，战事有利就进取，如果战事不利就退守。这样，表里相应，使贼人不敢向西进犯。这就像猿臂一样，既可以伸长，也可以缩短。如果分辨朝廷之礼，我不如你；但是要论说疆场上的事，你就不如我了。"韦陟无言以对。

就在这时，判官韦损却又说："既然两军相争，寸土必争，东都洛阳是皇帝的住所，侍中（李光弼官为侍中）为何不守呢？"

"我不是不想守洛阳，只是洛阳这座城池无险可据。附近的汜水、鄂岭、龙门几处险要，如果要守洛阳的话，这几处都得派兵驻守，可是我们又没有那么多的兵马，一旦这些地方守不住，被叛军占据了这些有利地形，我们反倒要受害。你身为兵马判官，这个道理你应该明白。"

李光弼这番话，说得韦损哑口无言。于是，李光弼命令洛阳留守韦陟率领东京的官属西行入关，让河南尹李若幽带领洛阳城里的百姓出城，躲避贼人，使洛阳变为一座空城。而李光弼则率领将士把油、铁等军用物资运到河阳。

虽然河阳一带也是无险可守，但是四周河流纵横，地势开阔，也没有像洛阳城外龙门、鄂岭那样可以被敌人利用的地形，况且河阳又是叛军西进的必经之路。屯兵河阳，显然是一个明智的抉择。

李光弼到了河阳以后，只剩下士兵两万人，粮食只能够维持10天。没过几天，史思明带着军队攻打河阳，第一仗，李光弼就杀死了史思明的骁将刘龙仙。两军进入了相持阶段。

河阳城坐落在黄河岸边，李光弼派人在河上修了一座浮桥，时常利用这座浮桥出奇兵，袭击史思明的军队。于是，史思明在上游排列战船数百艘，又在战船的前面布置了几只火船，想要把这座浮桥烧掉，堵住河阳城的出口。

史思明的一举一动都没有逃过李光弼的眼睛。于是，李光弼找来几百只长杆，在杆子的前面绑上铁叉，又把杆子固定在大木桩上。

当史思明从上游把火船放下来的时候，火船还没来到浮桥的近前，就被铁叉叉住了。不一会儿，火船自己烧尽，沉没在水里。

史思明见攻打河阳不能奏效，便引兵攻打河清，以图切断李光弼的粮道。为了保护粮道，李光弼便带着一支军队到野水渡扎营驻守。

当得知李光弼出了河阳城的消息后，史思明心中大喜，对自己的部将李日越说："李光弼只是善于守城，而不善于野战，现在他到野水河驻守，必败无疑。你带着铁骑乘夜出击，为我把李光弼捉来。如果捉不到的话，你就不要回来见我了。"

李日越带兵来到李光弼营前，才知李光弼已经在黄昏的时候回城了，只留下部将崔希颖守卫寨栅。怎么办？捉不到李光弼，回去不是送死吗？想到这里，李日越投降了官军。后来，史思明又数次带兵强攻河阳城，都被李光弼的军队打退。整整一个月，史思明没能前进一步，官军也因此赢得了战机。

■故事感悟

孙子兵法曰:"兵者，诡道也。"李光弼正是利用有利地形，运用了让人出其不意的心理战勇斗史思明，从而击败了敌人，获得了胜利。李光弼不愧为中唐名将。

■史海撷英

李光弼平定叛乱

乾元二年(759年)七月，李光弼任天下兵马副元帅。当时，史思明军突然渡河，攻陷汴州(今河南开封)，并向洛阳进逼。由于兵力悬殊，李光弼只好放弃洛阳，固守河阳(今河南孟县南)，从而威胁叛军的侧翼，使叛军不敢贸然西进。随后，他又伺机出战，挫败了叛军对河阳三城的进攻，歼敌2万余人。

上元二年(761年)，朝廷强令李光弼收复洛阳，李光弼不得不出兵。当时，叛军势力还很强大，再加上大将仆固怀恩违反节度，因而兵败邙山(今洛阳北)，退居到保闻喜(今山西闻喜东北)。

后来，李光弼又复任河南诸道副元帅，出镇临淮，统领河南诸道兵反攻叛军，最终配合仆固怀恩等人收复了洛阳。

■文苑拾萃

《李光弼列传》节选

李光弼，营州柳城人。父楷洛，本契丹首长，武后时入朝，累官左羽林大将军，封蓟郡公。吐蕃寇河源，楷洛率精兵击走之。初行，谓人曰:"贼平，吾不归矣。"师还，卒于道，赠营州都督，谥曰忠烈。光弼严毅沉果，有大略，幼不嬉弄，善骑射。起家左卫亲府左郎将，累迁左清道率，兼安北都护，补河西王忠嗣府兵马使，充赤水军使。忠嗣遇之厚，虽宿将莫能比。尝曰："它日得我兵者，光弼也。"俄袭父封。以破吐蕃、吐谷浑功，进云麾将军。朔方节度使安思顺表为副，知留后事，爱其材，欲以子妻之，光弼引疾去。陇右节度使哥舒翰异其操，表还长安。